「居住福祉資源」の思想

生活空間原論序説

早川和男

東信堂

「真理を発見するということは、ただ誤謬を証拠だてるよりも、いっそう難しい。誤謬の証拠だてだけでももちろんおそろしく困難なことにちがいないが、新たな真実を発見するという段階にいたると、そこには、さらに本質上別種の巨きな困難が付け加わってくることになる」

「学問の営みの奥底では、すぐれて自由な精神が営みのすべてを支えているということができる。そうした自由な精神と姿勢が失われてしまったばあいには、いかなる新しい事態に直面しても、それに目をつむって伝来の正当理論を固執するばかりでなく、ただそのことによって自分の立場の正しさを示そうとするような、およそ学問の精神とは対蹠的ないわばパリサイ主義（ユダヤ教の一派でモーゼの律法の厳格な遵守を主張、これを守らないものを退けた。イエスはその偽善を激しく攻撃した＝広辞苑・筆者）が生まれてくることになるからである」

「そこでは、方法に伴うきびしさはもちろんのこととして、さらに、胸をふくらませるようなビジョンと知るよろこびが学問の営みに付け加わってくるばかりでない。学問の精神にうちひそむ、真実に対しては幼な児のようにすなおに頭を低れる謙虚さと誠実、そして同時に、いかなる種類の権威にも力にも恐れず、いかなる困難にもめげない勇気、そうした真に自由な精神が、そこでこそ最大限に要求される」

——大塚久雄「学問の精神」湯川秀樹他編『考える人―五つの箱』岩波文庫

目次／「居住福祉資源」の思想——生活空間原論序説

第Ⅰ部　居住福祉資源の意義——生活空間の使用価値……3

序　章……5

第一章　生活空間は福祉の基礎……7
(1)生活空間の諸段階と使用価値　7
(2)暮らしの基盤　8

第二章　生活空間使用価値の特殊性……21
(1)存在状態がつくる　21
(2)非交換価値的性格　22
(3)生活空間の連続性　22
(4)使用価値の複合的性格と空間的・社会的属性　23

(5)社会的・公共財的性格　25
(6)使用価値の個別性と普遍性　26
(7)生活空間の個別性と普遍性・相互依存関係　26
第三章　生活空間は「居住福祉資源」である……………………28
(1)居住福祉資源の範疇　28
(2)住居基準の国際比較　33
①アメリカの住宅建設基準にみる住居思想　36
②住居概念の国際比較　40
③居室概念　42
(3)欠陥住宅・不適格住宅基準　45
①アメリカの欠陥住宅基準　46
②イギリスの不適格住宅基準　47
③旧西ドイツの不適格住宅基準　49
④国際基準の発想でみた日本の不適格住宅　50
(4)住居基準とホームレス　53
(5)むすび　54
(6)「スウェーデンにおける『アクセス権』と土地利用の民主主義」　56

①特別な決定を必要としないで国土のあらゆる場所において有効な土地利用に関するいくつかのルール　58
②土地利用計画は自治体によってつくられ、多くの人がその計画段階で参加できる　62
③自治体がストラクチャー・プランと詳細計画をたてる　67

第Ⅱ部　居住福祉資源の発見……77

一、寺社は地域の居住福祉資源……83

1　「おばあちゃんの原宿」とげ抜き地蔵――東京巣鴨　84
2　仏にかこまれたケア空間「くぎぬき地蔵」――京都西陣　87
3　寺社は精神的居住福祉資源――「八事山興正寺」名古屋　90
4　「嫁いらず観音院」の知恵――岡山県市原市　93
5　被災者を勇気づけた寺院の鐘の音　97
6　桜の下は福祉空間――バリアフリーの花見　99
7　神社は地域社会の守護神　103
8　鎮守の森はコミュニティ施設　106
9　赤穂義士祭――地域の伝承文化　111

二、暮らしの中の「居住福祉資源」……115
10　懐かしさに癒される銭湯――京都「石川湯、泉涌寺湯」　116
11　人生をとりもどす住居――大阪・釜ヶ崎「サポーティブハウス」　118
12　家族のぬくもりをとりもどす――新潟「うちの実家」　122
13　街の中のトイレ――秋田県鷹巣町「げんきワールド」　124
14　「高齢者にやさしい商店街」松江市天神町　128
15　「ご近所型福祉」――米子「田園プロジェクト」　131
16　「音のカーナビ」のまち――群馬県草津・栗生楽泉園　134

三、子どもを見守る……139
17　子どもを見守る地域密着の小学校　140
18　『遠野物語』を受け継ぐ子どもたち　144
19　家庭の教育力・福祉力　148
①生活習慣と健康・情操・成績　148
②食事の相手が影響する子どもの発達　149
③心を育てる親子の対話　151
④家庭文化を伝える手伝い　153

⑤子どもへのテレビの影響　155

四、障害者が住むまちの豊かさ……161
20 被災者を勇気づけた〝なかよし太鼓〟　162
21 盲老人ホームが被災者救済に活躍　164
22 施設を出てまちで暮らす　167

五、商店街を居住福祉空間にする……171
23 子どもを見守る商店街　172
24 高齢者が買い物に来やすい商店街〝まちの駅〟　175
25 食の安全はまちづくりから　178

六、生活・福祉施設は防災資源……181
26 日常の公民館活動が被災者救済に活躍　183
27 快適な避難所、老人ホーム・保育所　187
28 公共ホテル・国民宿舎の貢献　190
29 平常心是道――仏の道は平常心にあり　193

七、自然は居住福祉資源……197
30 都市農地を市民参加で守る 198
31 海岸線は生活空間 200
八、「居住福祉」は「安居楽業」……205
32 住居は労働の基地 206
33 入居者も働く中国の老人ホーム 209
34 実現した〝帰ろう山古志へ〟 212
九、公共・公益施設……215
35 無人駅に集う高齢者たち――鳥取県・八橋駅 216
36 「ひまわりサービス」――過疎地の高齢者を支える郵便局 221
37 福祉を配達するデイサービス船「夢ウエル丸」――岡山県笠岡市 225
一〇、村と町を居住福祉空間にする……231
38 「ニュータウンの再生」――大阪府・千里ニュータウン 232
39 防災対策は日常の居住福祉政策にあり――「阪神大震災」の教訓 236
40 故郷は心の居住福祉資源――新潟県「山古志村」 240

付論1　中国の健康公園……243
付論2　高速道路を壊して清流をとりもどす……249
――ソウル市清渓川の復元
第Ⅲ部　居住福祉資源の形成――居住政策と居住の権利意識……255
第一章　日本の住宅政策改革の基本的課題……257
(1)低い日本人の住宅人権意識　257
(2)住宅裁判と人権　260
(3)居住保障とは無関係な「住宅政策」　268
(4)人権闘争としての住宅政策転換　278
第二章　意見書……282
序　282
(1)居住保障の現代的意義と国の責務　283

(2)新公営住宅法の性格と矛盾　298
(3)改良住宅への応能応益家賃制度の適応の誤謬　321

あとがき……337
事項索引……346
人名索引……348

「居住福祉資源」の思想——生活空間原論序説

第Ⅰ部　居住福祉資源の意義

――生活空間の使用価値

序章

どこの国、どこの街や村であろうと、人はすべて地球上に住んで生きている。この地表に安全に住めるのでなければ、人は安心して生きられない。住居は雨風、暑さ寒さ、外敵などを防いで生命を守り、子どもが育ち、家族が暮らし、労働の根拠地となし、日々の疲れを癒す、生存と生活の基本的基盤である。宗教紛争、民族対立、戦争等々によって住居を失い路上をとぼとぼと歩く難民や世界各地で増えつつあるホームレスの姿は、人間として生きていく上での「居住」の意義を示している。

紀元前二世紀の中国に「安居楽業」の故事がある。「安心して生活し生業を楽しむ」の意で、暮らしと政治の根幹と考えられた。二一世紀の日本では、ネットカフェ難民などを含めた様々なかたちのホームレス、狭小過密遠距離居住、高家賃、重いローン負担、ネグラを求めての犯罪、しばしば災害の犠牲者となる低質宿舎・老人ホーム、などが社会的問題になり、派遣切りは安居楽業を同時に奪う。また劣悪で不安定な住環境、都市再開発や住民の絶えざる転居による地域福祉機能の衰退は、高齢者の生活安定や子どもの安全の阻害、人心の荒廃、犯罪の多発など社会全体の調和を阻害している。

課題はそれだけではない。超高齢社会で、若年労働力の減少による生産性の後退は、かつてのような消費経済の再現を困難にしている。既存のストック〈社会資産〉を新たな視点で再評価し、いかに有効に活用していくかが大きな課題となる。

他人の家計を見ても分かることだが、若・中年期の貯えが老年期の暮らしを支える。国民の持ち家傾向は政府の持ち家政策によることもあるが、一方、家さえあれば少ない年金でも何とか老後を過ごせるのでは、といういわば自己社会保障的な思いが国民一般に作用しているように思える。

現代日本の中心的課題の一つが、安心して生きられる社会をつくることにあるのは明らかである。そして、安心して生きるには安住できる住居＝「安居」が不可欠である。

しかし、人の暮らしは、住居だけでなく、居住地、地域、都市、農山漁村など様々の段階の「生活空間」全般に広がっている。社会は、これらのすべてを統一的に把握して立ち向かわなければならない。

〝地方創生〟が論議されているが、あい変わらず企業の誘致、人口の増加その他が目指されている場合が多い。そうではなく、地域の有する様々な社会資産を新たな視点で評価していくことが求められている。

第一章　生活空間は福祉の基礎

(1)生活空間*の諸段階と使用価値

生活空間は、胎児にとっての母親の子宮から、生れ出てからの居室、住居、居住地、地域、都市・農山漁村から国土へとひろがる(図1)。これらすべての段階の生活空間の存在状態の有する使用価値の質は生活空間の段階によって異なっており、その性格と役割の解明が課題となる。

* 「生活空間」という概念は現在一般的に使われているが、この言葉(概念)は一九五四年頃、西山夘三・京都大学教授によって使われた造語である。学生だった著者ははじめ奇異に感じたが、直に馴れた。

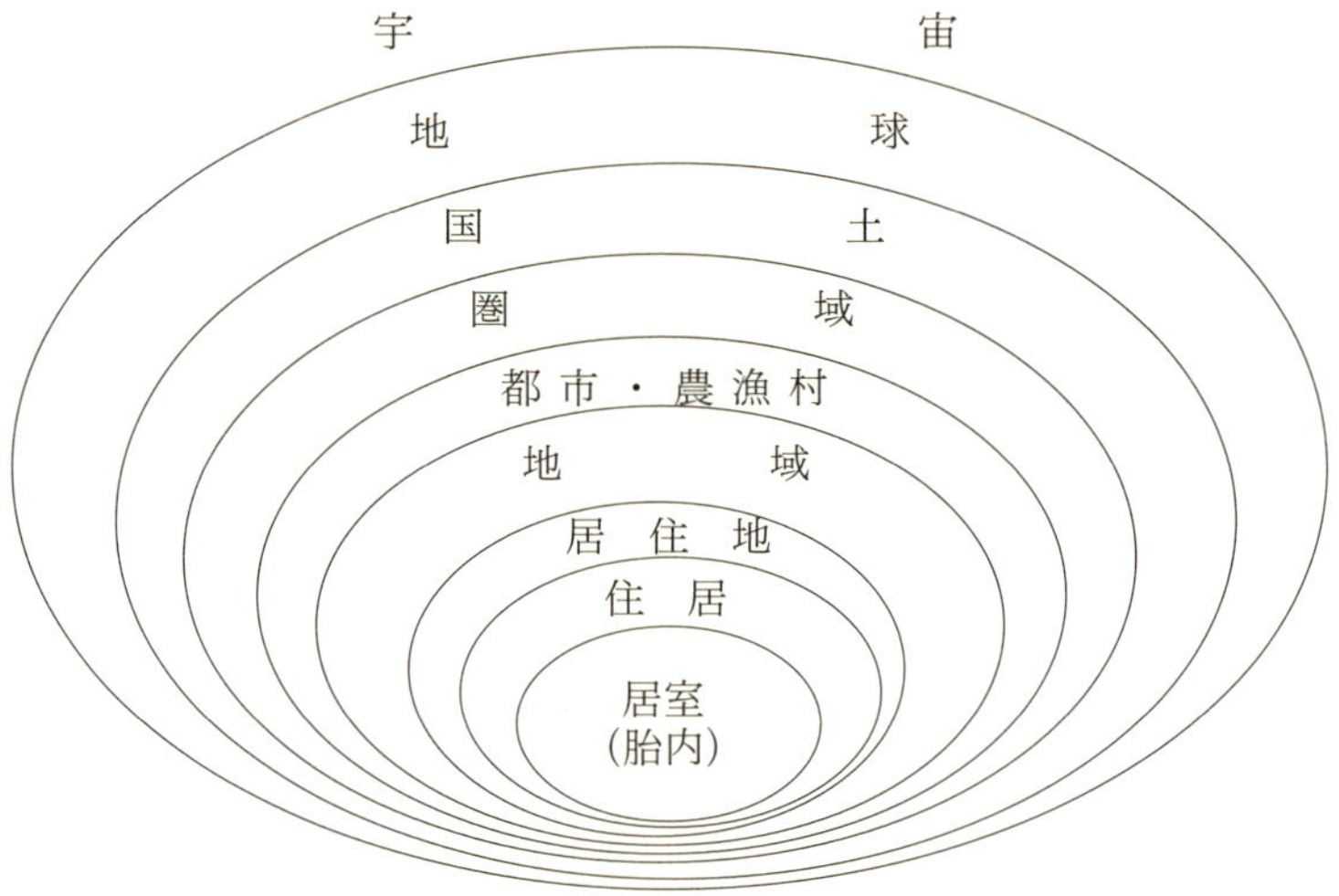

図1　生活空間の諸段階

(2)暮らしの基盤

私は近年「居住福祉」という概念の必要性を提起している(たとえば岡本祥浩共著『居住福祉の論理』東京大学出版会、一九九三年。早川『居住福祉』岩波新書、一九九六年、他)(図2)。その意味は二つある。

第一は、居室から地域にいたる生活空間は人間生存の基盤であり福祉の基礎であるということである。人生は一つの橋をわたるのに似ている。人としてこの世に生を受け、たえざる自己発達を遂げ、日々の充実を感じながら生活を送ることが、生き甲斐であろう。だが、ながい人生には様々の生活上の事故が起きる。傷病、障害、失業その他、そして避けることのできない老齢の時に、暮らしを支えてくれるのが、社会保障・社会福祉等の諸制度である。だが、劣悪な居住条件の下ではこれらは十分機能しない。

図２　住居は生活・福祉・防災の基礎（© 早川和男）

たとえば、高齢社会とともに増大している慢性病、持病、生活習慣病等の背景には、低質な住環境がある。転倒、墜落等の家庭内事故は年々増え、二〇一五年には一万三九五二人が死亡、うち六五歳以上は一万一八一七人(八五%)である。寝たきりの直接の原因は脳血管障害、老衰、家庭内事故の順とされるが、骨折等で入院し寝たきりになる例も多い。その数は推計二〇〇万人とみられている。また日照、通風が悪く、居室が狭く設備の悪い老朽化した低水準住宅では、介護保険による住宅のバリアフリー化も難しく、在宅生活は困難である。

第二は、「居室から地域にいたる居住環境ストック」による生活保障の重要性である。人の暮らしは、大きく分けて二つの要素によって支えられている、と言える。

一つは、賃金、社会保障、福祉サービス、医療等々で、これらはいわばフロー(金銭、サービス)である。それによって食料・衣服・耐久消費財等々の取得、傷病の治療、教育、交際、文化、住居費支出等を行ない、生活を維持する。疾病、障害、失業、貧困、老齢等によって賃金収入が得られなくなった場合の生活保護その他の社会保障給付もこれに含まれる。

もう一つは、住宅、居住地、地域、都市等の居住環境ストックである。このストックの存在状態を著者は「**居住福祉資源**」と呼んでいる。ストック概念は教育、技術、芸術、文化、産業、経済等多くの分野で存在するが、人の生存と暮らしを支える居住環境ストックを「居住福祉資源」ととらえる視点はこれまでなかった。

両者はともに生命の維持と生活にとって不可欠の存在である。収入や衣食の保障がなければ身体や日々の生活は維持できない。だが収入が多くても、貧しい住宅、劣悪な住環境の下では、生命の安全や生活の維持は困難である。それに対し、住居に不安がなければ、リストラに遭っても、老後も、失業保険や年金等でなんとか暮らせる。

医療や福祉サービスは一種の個人的消費であり、その都度消えていく性格を持っている。それに対し、安全で快適な住居やまちは、その存在自体が人びとの暮らしを支えると同時に、絶えざる財政支出を伴わずに子孫に受け継がれ、福祉社会の基盤となっていく。超高齢社会を迎える二十一世紀は、傷病になってからの医療、寝たきりになってからの福祉サービスという事後対応による医療・介護の前に、良質の居住環境ストック、すなわち「居住福祉資源」による健康と福祉の可能性を追求していかねばならない。その視点を欠くならば、社会福祉政策は、劣悪な住環境がつくりだす医療・福祉需要のしりぬぐいに追われることになろう。

暮らしと福祉を支える「居住福祉資源」

だが、問題はここから始まる。

第一は、住居や生活環境が福祉の基礎であるといっても、住居がありさえすればよいわけではない。ホームレスの人たちを除いて人はすべてどこかに住んでいるのであり、「居住」の状態によってはむしろ健康や福祉を阻害する存在になることは、明らかである。四畳半に三人が住むといった狭小過密居住、排ガスや煤煙に囲まれた不良住環境、災害危険地域での居住等々が広がれば、個々人の生命の安全、健康、福祉等はもとより、一国の社会・文化状態にまで悪影響を与える。その弊害は『住宅貧乏物語』(岩波新書、一九七九年)で詳述した。

それでは、住居や生活環境や街や村がいかなる存在状態であれば健康や福祉を支え得る、「居住福祉資源」となり得るのか。その追求が次の課題となる。

第二は、「居住福祉資源」概念の性格と範疇である。

現代福祉国家は、保険、医療、福祉、教育、住宅、社会保障その他に関わる諸々の制度を設け、国民の生活・福祉基盤を構築してきた。日本も明治以降その道を歩んだが、北欧西欧先進諸国等と比べて今なお遅れた水準にある。政府は高齢者保健福祉計画(ゴールドプラン21)等に力を入れ、特別養護老人ホーム、老人保健施設、グループホーム、デイサービスセンター、ケアハウス、訪問看護ステーション、ホームヘルパー等の介護サービス基盤の整備、元気な高齢者づくり、地域生活支援体制の整備等々に力を入れている。それも必要である。

しかし、超高齢社会の二十一世紀はこのような公的制度の充実とともに、私たちの住んでいる住居や町や村や国土そのものを安心して生きる基盤にする必要がある。

言い換えれば、私たちが暮らしている地域社会には、暮らしを支える様々のかたちの「居住福祉資源」が存在する。それは福祉とは一切関係がないように見えても実は重要な役割を果たしている場合が多い。図1で示した居室（胎内）から地球にいたる生活空間の段階ごとの解明が必要になる。

胎児の生活空間としての母体

妊婦の子宮は胎児にとって原初的生活空間であり〝居室〟である。子宮を取り囲む環境としての妊婦の置かれている生活空間の存在状態は、胎児の発育、出産時・出生後の新生児の心身及び母体に大きな影響を与える。たとえば、次のような事例が報告されている。

①妊婦の狭小過密居住による流死産、
②家庭内事故等の妊娠中のトラブルやストレスによる障害児の出産、
③遠距離通勤・混雑の異常出産等母体への影響、他。

母体保護の必要性がここにある（前掲、早川『住宅貧乏物語』）

安住の基礎としての居室と住居

居室は人間の肉体と精神があらゆる自然的、社会的脅威から防御され、心身を休め睡眠をとり、思考やプライバシーを確保する基本的シェルターとしての役割を果たしている。ホテル、簡易宿泊所（通称ドヤ）、ワンルームマンション、学生の寮・下宿等はその原型である。鎌倉時代の歌人・随筆家の鴨長明は『方丈記』を著し、人のくらしは「起きて半畳、寝て一畳」、「住まいは方丈（三メートル四方）があれば足りる」と書き、日本人の仏教的・諦観的住居観の典型のように受け止められているが、単身者の部屋と考えれば現在とそう変わらない。

だが、居室がない場合、路上や公園、橋の下、駅舎等に身を寄せることを余儀なくされ、ホームレス、野宿状態におかれる。寒さ暑さ、雨露をしのぐことも、身体を休めることもできない。寝ているときは無警戒であるから様々の暴力も防げない。部屋と諸生活設備の集合体としての住居は個人及び家族の暮らしの基盤である。

居室と住居が本来の役割をはたすには、からだを横たえ生活するに十分な広さ、衣服の着替えやくつろぎ等室内での生活行為とプライバシーの維持、高齢者の場合は介護のできる空間的余裕等、一定の床面積と天井の高さ（容積）、自然採光、通風、換気のできる外部に面した開口部、隣室からの音の遮断、断熱性、静けさ、快適な温度等の物的条件、火災・地震等からの安全性、さらに家族にとっての居間、トイレ、浴室、食堂、そして居住の安定（支払いうる住居費、立退かされない等）を必要とする。

これらの条件を欠いた場合、たとえば部屋が絶対的に小さかったり、過密居住であったり、設備が不備で安心して住めなかったり、いつ転居を強いられるかわからない場合、部屋、住居としての役割を果たし得ず、心身の健康や暮らしは支えられない。

目には見えない使用価値――コミュニティ、住み慣れた居住地

人間の生活は住居だけでなく、日々の生活は商店、診療所、学校、行政機関、郵便局、銀行、公園、交通機関その他の物的な施設によって維持されている。同時に、コミュニティのような目にみえない資源がある。長年住んできた家と町には親しい隣人、顔見知りの商店、身体のことをよく知ってくれている医者、見慣れた風景等があり、それが日常の会話、相談、たすけあいにつながり、生活の安心感や暮らしを支える。子どもにとっての友人、主婦には気軽に相談できる隣人の存在は、暮らしの上で不可欠の条件である。団地の砂場は児童の遊び場としてだけでなく、地域と縁がなく孤立しがちな母親らの交流を通じて日常生活の相談の場としての役割を果たしている。

また老人には、住み慣れた地域での居住継続自体が福祉の基盤となる。阪神・淡路大震災では、町から遠くはなれた仮設住宅や復興公営住宅で被災者が孤独死や自殺が、震災後も続いている。各地の災害でも「災害関連死」と称される犠牲は住み慣れた地域からの「移住」にともなう場合が多い。行政等による強制立退き、再開発に居住者が大きな抵抗を示すのは人間の生存に関わるからである。住み慣れたまちを失い、支えあって暮らしてきた隣人から切り離されたことが最大の原因であった。

痴呆性老人のためのグループホーム、コレクティブハウジング（異なる世代の複数の世帯が一緒に住む）等の意義が説かれ普及しつつあるが、そこではかつての暮らしの基盤の回復が目指されている、と言える。すなわち、「長屋」はグループホームであり、路地はコモンルームであった。また、市場は対面販売、情報交換、憩い、高齢者雇用の場所等々として、福祉空間になっていた。

住宅が立派で街並みが美しくコミュニケーションが豊かな居住地では、ながく住み続けたいと思い、環境破壊に抵抗し、よりよい居住地にしていこうとする意識が育ちやすい。これは自治の基礎であり、デモクラシーを根付かせていくための要件であり、住みやすい居住地を形成するソフトな使用価値と言える。後述する「住む能力の発展」につながる基盤でもある。

教育・福祉資源としての生活空間

「スモール・イズ・ビューティフル」を唱えたＥ・Ｆ・シューマッハーは「教育の本質は価値の伝達である」（『スモール・イズ・ビューティフル』小島慶三訳、講談社学術文庫、一九八六年）と言う。だが、価値を伝達するのは教育だけではない。地域の中の自然や歴史環境は、文化的価値を伝え人を育てるコミュニケーション空間でもある。川や池、野原、里山等々の自然は子どもにとって自由に想像力を養う空間である。管理された公園や施設にその役割は果たせない。自然の中の鳥の声、風の音、小川での魚取りや蝉捕り、夕焼け空の感動、そしてまわりに高齢者や障がい者のいることがいたわりの心を育む。住宅団地は日常的には居住、遊び場、老人の憩い、緑陰、大気の清浄化、静けさ、等々と同時に、災害時には延焼防止空間、避難拠点等々の役割を果たす。

居住福祉資源としての居住地、自然・社会環境のもつ教育力、福祉力、防災力を再認識する必要がある。

校内暴力、家庭内暴力、いじめ、家の内外での非行、ホームレス等の弱者に石を投げつける、その他殺人にいたる「犯罪」が日常茶飯事のように起きている。子どもの心が荒れている原因は一概にいえないが、身近な自然環境の消滅や、戦後の核家族中心の画一的でモノカルチャーな居住地が感性の育成力を衰退させているのではないか。子どもたちの心の荒廃も、居住地の持つ教育力の衰退が一因と思う。学校教育だけの問題ではない。

老人居住の望ましいありかたとして子どもや若者と一緒に普通のまちに住む〝ノーマライゼーション〟の意義が説かれている。だが、これは子どもにも必要である。身近に老人が居れば人はいつか老いることを知る、病人が居れば病むことを知る。老人も障がい者もいない団地で競争の坩堝《るつぼ》に投げ込まれている子どもたちには、他人を思いやる感性は養われにくいのではないか。

家庭の有する教育力も重要である。著者らは兵庫県尼崎市内の小中学校の先生方の協力で、住居と児童の健康・情操・成績との関係を調査し、両者の間には密接な関係のあることを確認した（後述、一三六頁以下参照）。

生活空間の有する教育力、福祉力を再認識する必要がある。

自然空間の役割

各種の開発計画、住宅地計画、都市計画、国土計画等では、しばしば土地を単一の目的に利用し、それまでその土地が持っていた使用価値を損なっている。

たとえば、海岸を埋め立ててコンビナートにする事業は、海浜の有する様々な役割を消滅させてしまった。海岸は、稚魚の育成、海水の浄化、レクリエーション空間等々として数多くの役割を果たしてきた。地域の中から海浜が消えることは、居住空間を貧困ならしめる。一九七五年、兵庫県高砂市の住民グループによって発表された「入浜権宣言」（高崎裕士氏作成）は、海浜のこうした役割を改めてクローズアップさせた。

古来、海は万人のものであり、海浜に出て散策し、景観を楽しみ、魚を釣り、泳ぎ、あるいは汐を汲み、流木を集め、貝を掘り、のりを摘むなど生活の糧を得ることは、地域住民の保有する法以前の権利であった。また、海岸の防風林には入会権も存在していたと思われる。われわれは、これを含め［入浜権］と名づけよう。

これまでの日本社会は、たとえば健康は医療によって、暑さ寒さ対策は冷房や暖房等のエネルギー消費によって成立させてきた。だが、サービスや消費の前に、街や村や地域や自然自体が健康・福祉環境資源となる居住福祉社会をつくることが必要である。

子どもの心身の健康も自然の回復が大きな要素である。入浜権運動をいち早く報道した本間義人（法政大学名誉教授）は『入浜権の思想と行動』（御茶の水書房、一九七七年）で次のような談話を紹介している。

水島生協病院・丸屋博医師。「昔は体力のない子に、夏の海で体を灼くよう指導すれば、たいていの子が健康を回復して来たものですよ。それがいま、もうできない。そのうえ工場による大気汚染で体力のない子はますます弱るばかりで、医師としてこんな苦しいことはありません」。元高校教師で地理を教えていた松本文雄さん。「海岸線もまた緑地として大きな役割を果たしていました。広くてきれいな砂浜のほかに松並木があり、アシのはえた湿地は野鳥の天国でした」。海浜が維持されておれば、子どもの心身の発達やお年寄りの福祉や生活環境にどれだけ寄与したか、戦後の国土乱開発と自然破壊の罪は重い。

国民の暮らしと福祉は「社会保障と税の一体改革」等フローの面からのみ論じられているが、健康・福祉資源としての国土の回復が国、自治体、地域の課題とならねばならない。「豊かな国土」とは、列島が巨大都市や高層マンション群やコンビナートや原発や新幹線や高速道路や航空路線や輸入食料品その他の消費文明で覆われることではない。入浜権運動はその過ちを指摘する象徴的なできごとであった。

スウェーデンの土地利用における「万人権」は「たとえ私有地であっても、耕地、別荘地等以外の土地に第三者が立ち入ることを拒めない」(早川和男訳「スウェーデンにおける『アクセス権』と土地利用の民主主義」『公害研究』一九七九年一〇月号、後述)とする。これもその例である。

第二章　生活空間使用価値の特殊性

居室から国土にいたる生活空間の使用価値には、そのほとんどに共通する性格がある。即ち生活空間の計画・維持・創造には、その使用価値の特殊性に配慮することが必要である。次のような諸点が考えられる。

(1)存在状態がつくる

すべて生活空間の使用価値は、その存在状態によって形成される。同じ「居室」といっても5㎡と10㎡では使用価値の質が異なる。生活空間が不十分な状態であれば本来の使用価値を形成せず、人間とその生活に歪みをもたらす。生活を支え豊かにするには、良質の住居や美しい都市をつくらねばならない。

(2)非交換価値的性格

生活空間の使用価値は、貨幣＝交換価値による評価の困難なものが少なくない。たとえば、美しい風景等の使用価値は交換価値によって駆逐される傾向がある。それが自然景観やコミュニティの破壊等につながる。景観やコミュニティ等の使用価値は、これを金銭に変えてはいけないと考える住民運動等によって守られる場合が多い。ナショナルトラスト運動のように、交換価値と同額の費用で買いとる試みもある。

森や農地の有する貯水機能等の属性を貨幣価値に換算し、その費用の社会的負担を求める主張もなされている。だが、そういう試みはいわば生活空間の貨幣価値への換算であり、負担できない場合は守れないばかりか本来有してきた使用価値を損なう。

コミュニティのようにある特定の人間集団にとって使用価値を有するものでも交換価値として評価困難なもの、一旦壊されると回復できない使用価値もある。

(3)生活空間の連続性

居室から国土まで、生活空間はすべて空間的に連続しており、相互影響性が不可避である。アパートの隣室の物音は、壁が粗末であれば隣家に伝わる。上階の振動は下の階に響く。家屋内と戸外の音の遮断は不可能に近い。路上での物売りの声をシャットアウトするのは難しい。海でタンカーが座礁し石油が流出すれば、はるか彼方の他国の洋上からも沿岸にたどり着く。音、熱、風、水、光線、大気、あるいはあらゆる土地・空間利用について、連続性を避けることは困難である。

このことは、居室から国土にいたるすべての生活空間に付随することである。上記の項目と同様に、この自明の事柄に対する認識が、専門家のあいだでも一般にも希薄である。これらのことが、公害や諸々の環境破壊現象として現れている。

(4)使用価値の複合的性格と空間的・社会的属性

たとえば、生活道路は人の往来のほか、その属性としてコミュニケーション、レクリエーション空間としての「複合的使用価値」を有するが、道路の交通空間としての「単一機能化」は、それを奪い、さらにそれによる「属性」としての道路公害が発生し、生活空間は全体として貧困化する。

住宅団地は日常的には居住地、遊び場、老人等の憩い、緑陰、大気の清浄化、静けさ、等々と同時に、災害時には延焼防止空間、避難拠点等々としての役割を果たす。

寺社は信仰空間以外に地域へのオープンスペース、散策、精神的安定、参詣、「市《いち》」の賑わい、それらによる外出の動機等々、自然環境、福祉空間、教育、歴史、防災資源等として存在する。中国南京市の大きな玄武湖は、水面は微気候の調節、蓮の花は鑑賞、蓮根は食用、湖面にはボートを浮かべ、湖の周りには薬草を植える、等々の複合利用によって環境形成と収入源にしている。同じく南京の孫文の陵墓・中山陵は広大な森林（植林）に囲まれているが、陵墓の景観構成、大気の浄化、自然の保全、木材の伐採による収益等々の複合的役割が意識されている（筆者の現地調査による）。

国土計画、都市計画、住宅地計画等における土地利用計画は、しばしば土地利用の単能化を図ることによって、生活空間の使用価値の複合性の破壊、減退をもたらしている。

これらの生活空間の有する使用価値の視点と認識は、歴史・民俗学、環境・生態学、宗教学、都市・住宅論その他で触れられたものは少なくない。

たとえば紀州の生物学者・民俗学者、南方熊楠（一八六七〜一九四一）による神社の「合祀反対論」には、鎮守の有する使用価値の複合的な社会的・空間的属性が主張されている。

曰く。「合祀反対の意味は、

i　敬神の念を減殺する、

ii　人心の融和を妨げ、自治機関の運用を害す、

iii　地方を衰微せしむ、

iv　庶民の慰安を奪い人情を薄くし風俗を乱す、

v　愛郷心を損ず、

vi　土地の治安と利益に大損あり、

vii　勝景史跡と古伝を跡形もなくす」（鶴見和子『南方熊楠』講談社学術文庫、一九八一年）。

(5) 社会的・公共財的性格

住居は私的存在だが、低水準の場合、その集合体としての過密不衛生住宅地は伝染病の発生、犯罪の温床、地域の荒廃として、社会的に現れる。一九世紀、英国での産業革命による大都市での過密不良住宅の集積はその例であった。住居や居住地の使用価値は社会全体として良質のものが必要である。

自分は快適な環境に居住している、と考える人は大勢いるだろう。だが、劣悪・過密、低水準・居住難等居住状態全体の集合体には、伝染病や犯罪の温床、地域の荒廃、など社会の調和を損ない、その弊害はやがて個人に及ぶ可能性がある。日本社会はいまそうなりつつあるのでないか。

⑹使用価値の個別性と普遍性

生活空間の使用価値は、時代の生産様式や社会制度、生活空間にたいする社会の要請、人びとの生活様式等々によって左右されながら変化し発展する一方で、時代、文化圏、社会階層、体制等の差異をこえた普遍的側面を有する。人間の感覚や欲求が時間・空間の差異によって本質的に変わらないものであれば、使用価値には個別性と普遍性があるはずである。快適な居室、住宅、美しい街並みの使用価値は、風土、文化圏、時代、宗教、社会体制、国家、民族に共通のものがある。生活空間と生活様式の中に潜む個別性・特殊性を追求しつつ、普遍性を解明・追求していく課題が存在する。

⑺生活空間の個別性と普遍性・相互依存関係

生活空間は、時代の経済水準や社会の制度、生活空間にたいする社会の要請、人びとの生活様式等々によって変化し発展する一方で、時代、文化圏、社会システム、階層等々の差異をこえた普遍的側面を有する。人間の感覚や欲求が時間・空間の差異によって本質的に変わらないものであれば、当然であろう。たとえば快適な居室、住宅、美しい街並みは、風土、文化圏、時代、宗教、社会体制、国家、民族に共通のものがある。同時に、生活空間の型と生活様式の中に潜む個別性・特殊性を追求しつつ、普遍性を解明・追求していく課題が存在する。

都市、郊外、農山漁村を含む地域空間は様々な使用価値を有する。農山漁村は生鮮野菜、漁獲物等を都市住民に供給する。都市と農山漁村は相互依存関係にある。農山漁村空間の持続・発展は都市の環境保全、過集中、過密状態解消に貢献する。都市は農産漁介物の消費に貢献している。

第三章　生活空間は「居住福祉資源」である

さて以上の考察からわかるように、居室から地域にひろがる生活空間は人間と社会にとって「福祉資源」であることがわかる。

したがって本書では以下、**生活空間の使用価値を「居住福祉資源」**と呼ぶことにする。ここに著者の生活空間に対する認識があり、本書の主題でもある。

(1)居住福祉資源の範疇

このことは第Ⅱ部で詳述するところではあるが、右に述べた生活空間の有する居住福祉資源としての性格は大きく次のように分類できる。

Ⅰ　歴史的・伝統的資源

Ⅱ　既存資源の評価と再利用
Ⅲ　居住福祉資源の創造

だが、これら自体も複合的である。これまで述べてきたことに触れながらその性格の分類を試みたい。

①**歴史的・伝統的・自然資源**＝寺社、参道、集落、海岸、水辺、里山、歴史的風景、町並み等たとえば、寺社はまちの中の福祉・デイサービス空間としての性格を有している。日本人はよくお寺や神社にお参りをする。それは強い信仰心によるというよりも生活の中の、いわば「生活習慣的信仰心」とでもいうようなもので、その存在と行事をつうじて周辺住民の日常生活に浸透している。緑にかこまれた一般に広く静謐《せいひつ》な境内は、地域のオープンスペース、散策、憩い、敬虔な気持ちをやしなう精神的安定の場、コミュニケーション・デイサービス空間、祭り・門前市・縁日等による人出とにぎわいと、それらをつうじての高齢者や子どもの外出の促進、ときには防災・避難空間などとして存在している。

②**公共的性格の施設**＝駅舎、郵便局、鉄道、路面電車、学校、公衆トイレ、公園、船舶、その他たとえば、どの町にもある鉄道の駅は地域社会の核として住民の認知度は抜群である。列車の乗降場所というだけでなく、散歩途中の休息、雨風雪宿り、夏の日差し除け、待ち合わせ、情報の収集・交換、暖房、電話、新聞・雑誌・飲食物・菓子等の買い物、公衆電話、トイレ、そのほ

か様々の役割を果たしている。宿の当てのない人にとっては、一夜お世話になることもある。何かの都合で列車が遅れたばあい遅延の放送がある。バスストップには一般に待合室が無く暖房もない。

鉄道駅の存在は地域社会の拠点で、住民にとってくらしの支えでもある。駅から街に伸びる道筋には日常生活を支える商店が並んでいる。駅がなくなるとそれが一挙に消える。地方で育った人たちには心の故郷でもある。久しぶりに生まれ故郷に帰ってきたとき最初に出会うのは駅である。小さい頃から親や兄弟、知人・友人を見送ったり自分が故郷をはなれた思い出深い駅が近付いてくると、胸がいっぱいになる人がいるのではないか。駅はしばしば小説や映画の舞台となるように、郷愁に満ちた空間でもある。駅が昔の姿のまま存在していることの意味は大きい。

また、列車の車内はゆれが少なく座椅子は安定してひろい。トイレがある。発着時刻が一般に正確である。高齢・障害者、乳幼児、妊婦等々が近隣の駅まで通院したり、高校生の通学等地域の人たちにとって、日常の生活を支える居住福祉資源としての役割を果たしている。

それに対しバスは一般にトイレがなく、乗り心地もよくない。発着時刻も道路事情や天候に左右されて正確でない。雨風の中のポール一本のバス停で待ったり、人と待ち合わせするわけにもいかない。列車のバス路線化や特急・急行列車の増発は、普通列車をへらし交通機関としての福祉機能を奪う。政府が生活保護世帯に税金をそそぐのと同じように、社会保障の一環として暮らしを支える普通列車の維持に税金を使うべきではないか。

③公益・商業施設＝商店街、市、市場、銭湯、宿泊施設、老人、障害者福祉関連施設、公民館、地産施設、道の駅、町の駅その他

近年、全国各地で大手スーパーが進出し、市場や小売商店街が閉店に追い込まれている。小売店や市場は、身近で買い物ができる。住民の日常生活を支え、お喋りや相談、助け合い、憩い等人の交流や生活情報の場にもなっている。高齢者の働く場になっている場合もある。客は店の人と相談しながら少量でも買い物ができる。

小売商店や市場は一種の福祉空間としての性格を有しているのに対し、大型スーパーマーケットは郊外に立地することが多く、車を運転しない高齢者や子どもに不便である。ひろいフロアーをワゴンを押して商品を探し歩き、黙って買い物籠に入れるだけ。高い棚の商品はとりにくいし、店の人に商品についてゆっくり聞く環境ではない。顔見知りの市場や小売店では魚一切れを売ったり代金を付けにしてくれてもスーパーでは不可能だ。

大型店が進出し市場や小売店舗がつぶれると街の福祉機能が奪われるのではないか。しかも不況で経営がかたむけば、大型店はさっとひきあげる。地域からは店が一挙に消え、暮らしがなりたたなくなる。その例は全国各地でおきている。

また大型店は一般にチェーン店をもつ場合が多いので、商品は大量生産・大量流通の性格から

逃れられず、長時間保存のための各種添加剤は不可欠となる。安全に暮らすには安全な食べ物が必要だが、安全な食料を確保するには、海外等からの農薬づけの食物を輸入するのではなく、国内産の新鮮な農産魚介物を、生産者と地元の小売店が直結・協力して、可能なかぎり安全につくり消費者の手にわたるシステムが必要である。

④**地域社会の諸行事**＝祭り、花見、その他

⑤**働く・動く・生きがいを支える**＝下町の家内工場の労働諸施設、農山漁村施設、脱施設の基本条件は住居、地域資源の活用その他

⑥**目に見えない使用価値**＝コミュニティ、住み慣れた地域の施設、安定した町並み。長屋、中国・里弄住宅の居住福祉機能、等

⑦**住民参加によって実現した居住福祉資源**＝各種住民運動の成果と使用価値その他。国連人間居住会議（ハビタットⅡ、一九九七、イスタンブール）は、住む主体である住民の参加なしに住みやすい居住空間はつくれないという。

⑧**各種土地利用形態の属性としての災害時の避難拠点指定**＝種類と性格（東京都の指定）――公園、墓地、社寺仏閣、競馬場、河川敷、庭園、大学キャンパス、各種公共住宅団地等

⑨**その属性が避難時の防災・救済の役割を果たした諸施設・土地利用その他**＝老人ホーム、公民館、障害者施設、道の駅、公園、農地等。

(2)住居基準の国際比較

住居はそれぞれの国の風土や建築材料等の地域的諸条件のもとに、長い生活の歴史の中でつくりあげられてきたものである。その住居を基盤にして営まれる生活の様式とそこでの生活の質は、それぞれ固有の価値をもつものであって、どの国の住居と住様式が最も優れている、というようなことはいえない。たとえば、西ドイツと中国と日本の住居の形態や生活様式のいずれの質が高い低い、というようなことはいえない。それは生活様式の問題である。それ故、それぞれの民族のつくりあげてきた住居とその中に潜む住生活の知恵をほりおこし、それぞれの生活の質を明らかにし、その交流をつうじて人類は将来どのように住んでいくべきか、という課題を追求することが今日では重要になっている。

だがこうした次元を離れて、近代市民社会が確立しつつある人権や民主主義の理念に立って各国の住居をみるとき、そこには大きな差異と改革すべき課題が存在する。住居は生存と生活の基盤であり、人間の健康、発達、福祉、社会、文化等々にあたえる影響ははかり知れない。住居基準の国際比較とは、結局のところ、そういう人間の尊厳を守るにふさわしい住居の確立に向かって、各国がどのような理念とそれを具体化した住居基準（さらにはそれを裏づける住居法）をもっているかを学びあい、自国国民の居住状態改善に寄与していこうとする性格をもつものといえる。

また伝統的な社会にあっては、住居は過去の経験と伝統に根ざしてつくっておればよかったが、近代社会では、政府機関や企業によって計画的につくられることがふえている。このような時代背景のもとでは、明確な住居思想と住居基準が用意されねばならぬ歴史的必然性がある。

前述のように住居は好むと好まざるとにかかわらず人間性、健康、発達、福祉等々の基盤としての役割を果たしている。西欧社会は住宅政策展開の根拠をそこにおいてきた。日本がその国際比較をつうじて学ばねばならない最大の点はここにある。

ところで、住居は各国が各々の国民経済の水準や価値意識に基づいて整備すべき対象であり、諸外国との比較において云々すべき性格のものではないという意見がある。基本的にはそのとおりであろう。経済水準のみならず風土、生活様式、文化の形態によっても違ってくることは先にも述べたとおりである。

だが、今日の国際社会では、政治・経済・社会等々のあらゆる面で孤立が成立しないし、許されない。これは住居においても同じである。日本政府は国民の住居水準を低いままにして公共投資を生産基盤に向け、その結果生まれた巨大な工業生産力で海外輸出を拡大し、貿易摩擦を引き起こし、輸入国の失業、経済の後退を招いている。それで日本国内での内需拡大につながる要因としての住宅・生活環境の整備が外国から要請されている。自国の国民の生活を貧しいままにしておいて輸出に血道をあげるのはアンフェアであり国際的に許されない、という認識である。「ウサギ小屋に住む働き中毒」という批判はその発想から出たものであった。経済大国の中の「住宅貧乏」は、日本国民だけでなく世界の労働者を苦しめているのである。

住居基準を国際比較することの今日的意義は、日本がその経済力に見合った真に豊かな社会をつくるための基礎であり高齢化社会に向かっての福祉の基盤である住居のあり方を考えるためである。日本が国際社会の一員として尊敬されるためには、「住宅先進国」である西欧諸国の住居思想を真摯に学ばねばならないということである。

言いかえれば、住居基準とは、人間の尊厳を守るにふさわしい住宅と居住環境の基礎的要件である。社会的には、人びとが住居を建てるに際して守ることを義務づけられた法的規制であり、私的な生活手段である住居への公的介入である。

住居基準が登場したのは一九世紀のイギリスにおける公衆衛生法以来である。低住居水準の住宅を放置しておけば不衛生・過密居住等の形成によって伝染病等が発生する。個々の住宅は私的な存在であっても、その全体は社会的存在となる。公衆衛生と福祉の側面から住宅問題へのとりくみを最初に要請されたのはイギリスである。イギリスの住宅政策と住居基準は他の西欧諸国に及び、今日、西欧諸国は様々の形態の住居基準をつくりあげている。それらは、住宅の新築、スラムクリアランス、リハビリテーション、住居監視員による居住状態の改善援助等々の住宅政策を展開する際の基準として活用されている。

①アメリカの住宅建設基準にみる住居思想

連邦住宅都市開発省（ＨＵＤ：U.S.Department of Housing and Urban Development）は「住宅の最低基準」（"Minimum Property Standards" 1979年版による）を決めている。この基準は、「低家賃住宅のように政府が補助金を出した住宅もそうでない住宅も含めて、適用される。地方の法律・規則、要求事項がこの最低基準より低い場合、この基準を採用すること」、「一般的にこの基準は、行政上の規則、法令とともに建物等の適格性の基準となるものである。これらはすべての住宅、計画中の住宅、修理の必要な建物に適用される。この基準の遵守は強制的なものである」。

いくつかの項目を事例的に紹介しよう。

ａ〔プライバシー〕：住宅は隣接する住宅から種々のプライバシー等の侵害を受けることなく居住でき、維持できるように配慮されていること。

ｂ〔建築計画〕：建物の計画は住居内の家族・個人の社会的・経済的そして休息の欲求に合致し、安全で安心でき、健康で魅力的な生活施設、環境、視線や音からのプライバシー、適切な採光と換気、火事や事故の防御、維持管理と空間利用の経済性、補助的サービス、衛生設備を

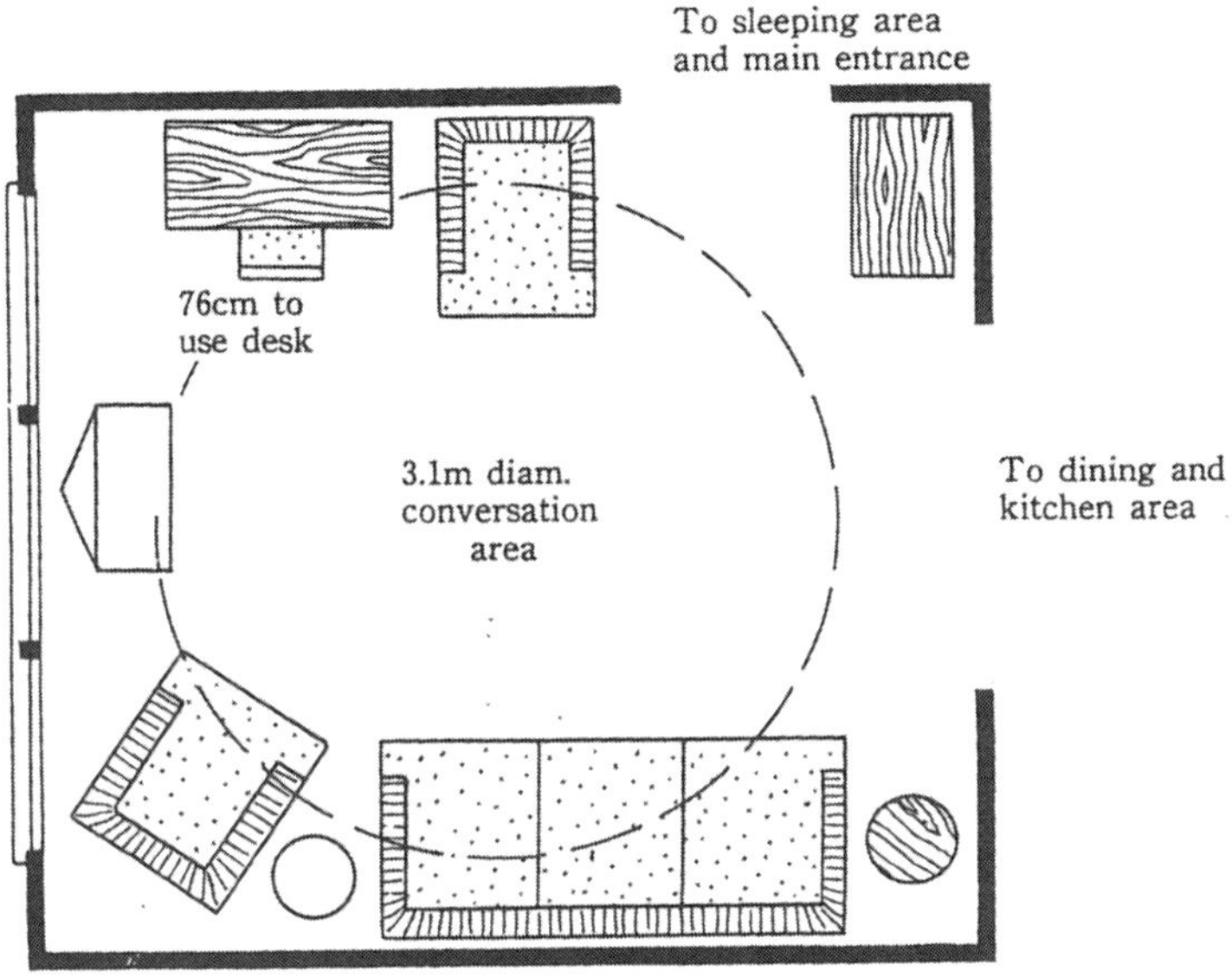

①人や物の移動空間と、リビングでの生活空間の中心は分離する。②開口部は、家具配置に融通性を多くもたせるようにするため、十分壁面が確保できる場所に設けること、③ドア、窓、コンセント、サーモスタットへは、不自由なく近づけること。
注：この住居基準には、各々の事項の内容を平面計画等によって例示している。その例。以下同じ。

図３　プランの考え方

備えていなければならない。また建築計画は物や人の流れ、家事を容易にし、人びとが安心して生活できるような計画であること。

c〔リビング空間〕：各住宅には、楽しく過ごし、読書をし、手紙を書き、音楽を聴き、テレビを視、くつろぎ、いつも子供と遊べる、そんな一般的な家庭生活、集団活動をひき出す空間がなければならない。

d〔ダイニング空間〕：各住宅には食事をするための空間がなければならない。この空間はリビングや台所空間を兼ねてもよいし、独立した部屋でもよい。その広さは、居住者の数に応じた大きさのテーブルと椅子、およびそのまわりの人や物の流動に十分適応させること。

e〔寝室〕・各住宅は、睡眠、着替え、パーソナルケアのための空間をもたなければならない。老人用住宅ではベッドの両側とどちらか一方の端の三方からベッドに近づくことができなければならない。老人用や身障者用住宅では、ユニットは車いす使用者に便利なように配置されていること。各寝室は他の寝室、台所、リビング空間、ダイニング空間等の居住空間を通らずに浴室に行けるように

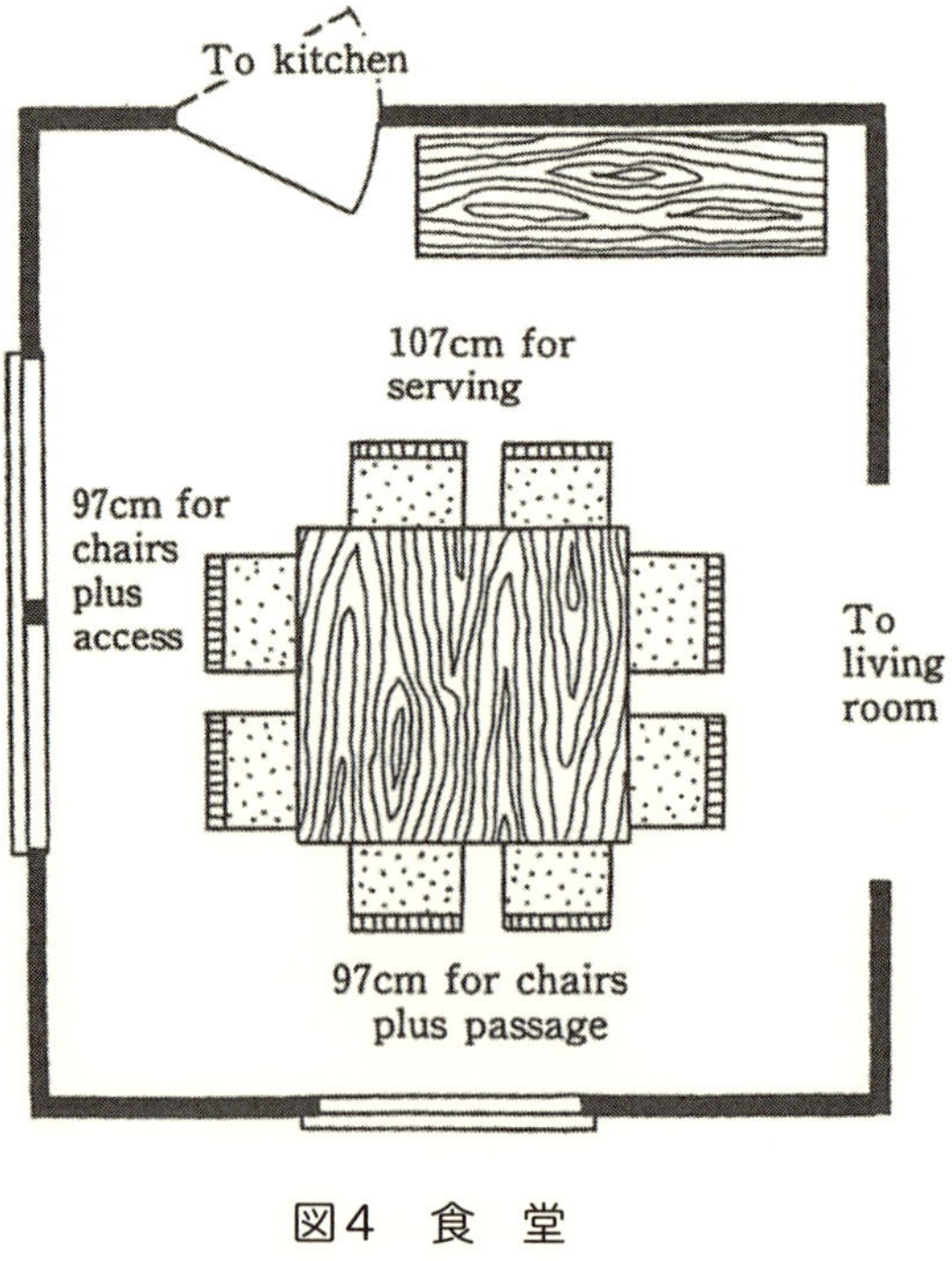

図4　食　堂

なっていなければならない。

f〔居室面積〕：部屋の最小限の大きさは**表1**のとおりである。この最低基準はすべての住居に適用されなければならない。面積は内法である。

g〔高齢者むけ住宅の敷地〕：買い物に便利で公共輸送機関に容易に行けるよう計画されていること。敷地内の施設では居住者たちと出会い会話の機会がもてるようにすること。

高齢居住者は、一般に自分たちが仲間に加われるし、みてもおられるような活気あふれる場所や活動にひきつけられるものである。同時に老人は自分たちのプライバシーが静かに守られている場所（家庭）に自由に引き込めることも望んでいる。彼らは全く静寂しか提供しない敷地を望んでいないし必要ともしていない。また自分たちでは避けることのできない刺激的な活動

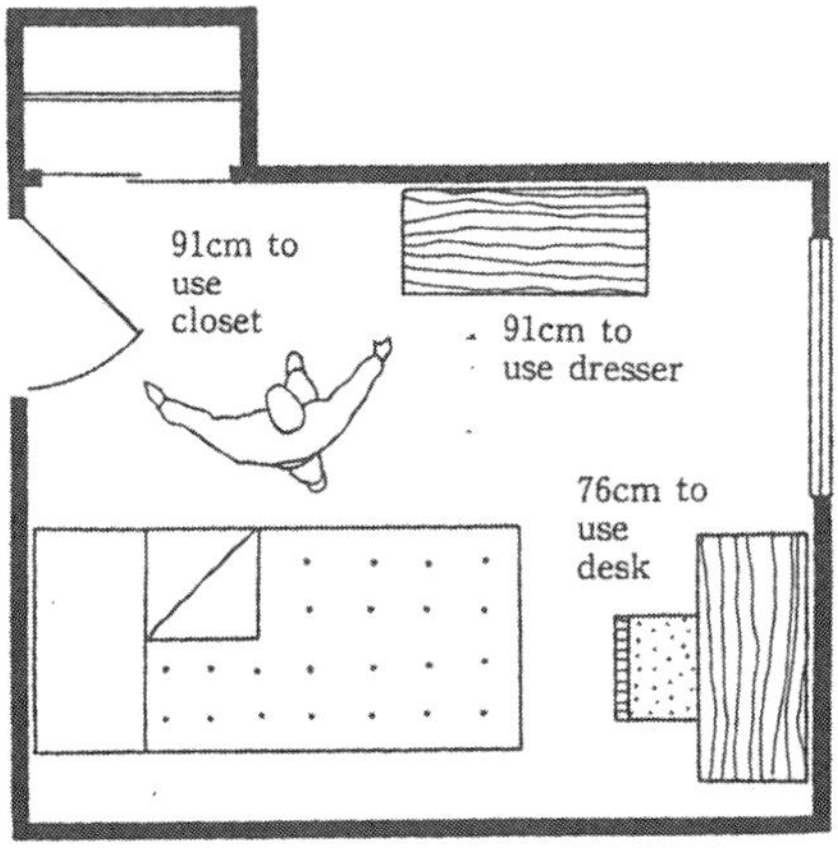

図5　高齢者・一人用寝室

を受け入れたいとも思っていない。最善の回答は、個人の意思で場所を選べる余地をのこしている計画にある。

h〔必要な設備〕．各住宅は次の設備を備えていること。①安全で美味な水の安定的供給設備、②衛生設備と確実な下水処理設備、③健康で快適な生活を送るのに十分な暖房設備、④家庭内で使用する温水の十分な供給設備、⑤照明、設備への電気供給設備、⑥ゴミ・くずを収集し回収するまで貯めておく衛生的な貯蔵庫。

以上はアメリカの最低住居基準のごく一部だが、そこには住居についての思想がみられる。こうした住居の有すべき使用価値への認識があってはじめて、住居基準も生まれるのだと思われる。他の西欧諸国の住居基準には必ずしもこうした説明が存在しないが、提示されている数値等の背景には、類似の考えがあるものと考えられる。

②住居概念の国際比較

表１　部屋の最小面積・幅員

部屋の名称	住居の最小面積（内法・㎡）				最小限部屋幅（m）
	1寝室	2寝室	3寝室	4寝室	
LR	14.4	14.4	15.3	16.2	3.4
DR	9.0	9.0	9.9	10.8	2.5
BR（主寝室）		7.2	7.2	7.2	2.4
BR（第２寝室）	10.8	18.0	25.4	34.2	

注：主寝室には、少なくとも１つの壁──その壁は、床から測って1.1m以下の高さにある窓をもった、少なくとも3.0mの長さの壁──がなければならない。

LR：リビングルーム、DR：ダイニングルーム、BR：ベッドルーム。

住居とは何かということを定義した住居基準は少ない。しかし、それぞれの関連法規等にその内容がみられる。

(i)西ドイツ（ＮＲＷ州）の住居基準

ＮＲＷ州建築法（一九六二年制定）には次のような記述がある。住宅の居室は使用に対して十分な床面積をもち内法高で二・五m以上でなければならない。また玄関を設け住居の独立性をはかる。最低設備として、流し台の設置、内部便所・洗面台のある浴室、洗濯室、物干し室、物置のような副室、二寝室以上では浴室と便所を分離させる。暖房は中央暖房とし個別暖房は行わない等。

(ii)スウェーデンの住居基準

表2にみるように、居間、寝室、台所（必ず食事ができること）、便所、浴室、洗面所、収納庫、掃除具戸棚、物置が必要である。

表2　スウェーデンの住居規模と設備最低基準

住居規模(1)	居間床面積	寝室床面積	台所食卓規模	便所(2) WC	浴　室洗面	浴槽	収納庫長さ	掃除具戸棚	物置
1RK	18㎡	—	4人	1	1	1	1.8m	0.6m	4㎡
$1^1/_2$RK	18㎡	≧7㎡	4人	1	1	1	2.4m	0.6m	4㎡
2RK	20㎡	≧12㎡	6人	1	1	1	3.6m	0.6m	7㎡
$2^1/_2$RK	20㎡	≧12㎡≧7㎡	6人	1	1	1	4.2m	0.6m	7㎡
3RK	20㎡	≧12㎡≧10㎡	6人	1	1	1	4.2m	0.6m	7㎡
$3^1/_2$RK	20㎡	≧12㎡≧10㎡≧7㎡	6人	2	2	1	4.8m	0.6m	7㎡
4RK	20㎡	≧12㎡≧10㎡2室	8人	2	2	1	4.8m	0.6m	7㎡(3)

注：(1) 2RKは1LDK。
(2) 2階建ての場合には、寝室のある階に少なくとも1つWCを設ける。
(3) $4^1/_2$RKとそれ以上の住居では10㎡以上。
資料：Statens planverks författingssamling, 1983: 2 "SVENSK BYGGNORM, SBN 1980".

(iii)フィンランド

居間、寝室、内部便所、浴室またはシャワー、台所（食堂）、給水、給湯、中央暖房。以下省略するが、西欧諸国はほとんど同じである。

③居室概念

建設省（現国土交通省）大臣官房政策課編集『国際比較　国土建設情報総覧』一九八〇年によると、一戸当たりの平均室数は、アメリカ五・一（七六年）、イギリス四・九（七一年）、西ドイツ四・二（七二年）、フランス三・六（七三年）、スウェーデン三・八（七〇年）、イタリア三・七（七一年）、ソビエト三・〇（六五年）、日本四・二（七三年）である。これによって、日本の住居は欧米水準に達しているという見解がしばしば聞かれ、政府の「白書」等でも引用されている。だがいうまでもなく、前述の住居の概念や居室の概念が問われねばならない。

国連発行の"Annual Bulletin of Housing and Building Statistics for Europe 1984"（United Nations 1985）および各国資料によって考察しよう。

(i)「居室」の概念と最低面積

居室の最低面積は、西ドイツ、ノルウェー、ユーゴスラヴィアは六平方メートル、スウェーデン七平方メートル、アメリカ七・二平方メートル、チェコスロバキア八平方メートル、フランス九平方メートル以上。そうでないと居室として認められない。

居間はアメリカ一四・四平方メートル、イギリス一五平方メートル、西ドイツ一八平方メートル、スウェーデン二〇平方メートル以上。主寝室はアメリカ一〇・八平方メートル、イギリス、西ドイツ、フランス、スウェーデン一二平方メートル以上。

台所を居室に数えない国はフランス、東ドイツ、オランダ、スイス、ルーマニア、ブルガリア、ユーゴスラヴィア。台所を居室に認める場合でも、ギリシア七平方メートル、アメリカ九平方メートル、アイルランド一〇平方メートル、チェコスロバキア一二平方メートル以上等という下限がある。

これに対し日本の居室の広さは、居間、寝室をとわず下限がない。一平方メートルでも一室と数える。台所も板の間部分が五平方メートル(三畳)以上あると一室となる。また、一つ以上の居室と共用の玄関、便所、台所があれば「住宅」として定義される(総務庁『住宅統計調査』「用語の定義」による)。

(ii)床面積の計測方法

国連統計は床面積の扱い方を「有効床面積」(Useful floor space)と「居住床面積」(Living floor space)に

区別している。前者は、地下室、居住できない屋根裏および集合住宅の共用部分を除いた外壁の内法で計測される住宅の床面積。後者は、通常の寝室、食事室、居間、居住可能な屋根裏、使用人室、台所および居住目的のために区分された他の空間が含まれる。浴室、便所、簡易台所、廊下、ベランダ、玄関等は床面積に入れない。

前者の「有効床面積」は日本で使用されている延べ床面積の概念に近いものだが、後者の「居住床面積」は「居住室」の面積の総和である。国連統計ではヨーロッパ二一カ国のデータのうち一〇カ国について両方、九カ国は「有効床面積」、二カ国は「居住床面積」だけを公表している。また、「居住床面積」を公表しているブルガリアでは五平方メートル未満の台所を「居住床面積」に含めない。チェコスロバキアは八平方メートル未満のすべての部屋と一二平方メートル未満の台所、ユーゴスラヴィアでは六平方メートル未満のすべての部屋と台所、ルーマニアでは台所をそれぞれ「居住床面積」に含めない。居住床面積の有効床面積に対する割合は、六〇％から八〇％程度の国が多い。面積はすべて内法で測る。

日本の統計では、居室のほか玄関、台所、廊下、便所、浴室、押し入れなどすべてが床面積に含まれる。また信じ難いことだが、店舗併用住宅などの営業部分、たとえば店、事務室なども住宅の床面積に含まれている。

建設省住宅政策課『現行の住宅政策と今後の課題』（一九八二年）によると、日本は「西ドイツ一〇二・八㎡（一九七九年）、フランス七九・五㎡（一九七四年）とほぼ同水準となっており、すう勢的には欧米水準に近づきつつある」と書いている。しかしこの西ドイツの一〇二・八平方メートル、フランスの七九・五平方メートルという数値は「居住床面積」のことなのである。国連統計では両国については「居住床面積」しか掲載しておらず、前述のように廊下、玄関、浴室、便所、内壁等の面積は含まれない。また西ドイツ、フランスには地下室や屋根裏のある部屋が多いが、これも含まれていない。

住宅の概念といい、居室の数といい、床面積といい、こうした点を見ないで欧米水準に達したとみるのは、妥当ではないだろう。

(3)欠陥住宅・不適格住宅基準

いかなる条件をもって住宅と考えるか、ということは、西欧諸国で掲げている「欠陥住宅」(Deficiency House)や「不適格住宅」(Unfit House)の定義とそれへの行政的対応をつうじてよりいっそう具体的に認識することができる。以下においていくつかの国の事例をあげてみる。

①アメリカの欠陥住宅基準

アメリカの住居基準（"Minimum Property Standards" by HUD）には「欠陥住宅」の項目があり、次のように述べている。「住居の安全性・衛生を脅かす欠陥建築物、職人の技量不足、地盤沈下、過度な湿気、雨漏り、腐食、白蟻の害などを指摘された建築物は、その欠陥が修復され永久的に除去されるまで、建築物として認めることはできない」。

その「欠陥住宅」の詳細な内容については、同じHUDの"Simonson Definifition"によって、次のように規定されている。

アメリカにおける「欠陥住宅」とは、

a．配管設備関係の不足または共用――すべての住宅は、建物の内部に専用の水道・温水、水洗便所、浴室またはシャワー室をもたねばならない。

b．下水処理施設の欠如――住宅は公共下水道、浄化槽、汚水溜めに接続しているか化学処理のできる便所をもたなければならない。

c．台所設備の欠如または共用――すべての住宅は、専用で備え付けの給水設備のある流し、レンジまたは調理用コンロをもたねばならない。

d．三つないし四つの構造上の問題がある場合――雨漏りする屋根、内壁または天井に亀裂か穴が開いている、内部の床に穴、一平方フィート以上の内壁のペンキがはげているかプラスターが落ちている、過去九〇日以内に鼠が出た場合。

e．共用部分に三つないし四つの問題がある場合――共用の玄関ホールに照明器具がない、階段が固定されていない・壊れている・または外れている、階段の手すりが壊れているかない、四階以上の建物の二階以上の部分に玄関から上がるエレベーターがない。

f．石油またはガス暖房器具を使う部屋で排気孔がない――もし住宅の主な暖房がガス・石油を燃やす場合、器具は煙突または換気孔をもたねばならない。

g．電気がきていない。

h．電気設備に三つの問題がある場合――コンセントのない部屋が一つ以上ある。過去九〇日の間に三回以上ヒューズがとぶか、回路遮断器（ブレーカー）が作動した場合。

②イギリスの不適格住宅基準

イギリスにおける居住不適格の概念は公衆衛生法からのながい歴史をもち、一九五四年の"Housing Repairs and Rents Act"（住宅修繕・家賃法）で体系的に規定され、つぎの一つ以上に欠陥がある場合は不適格住宅とみなされた。その内容は一二項目にわたる。

a．修繕が良好で湿気の遮断が完全であること
b．各室の照明と換気が良好であること
c．住居内に設置された適切な給水設備をもつこと
d．十分な給湯設備をもつこと
e．家庭内部の容易に行けるところに水洗便所があること
f．独立した備え付けの浴室（またはシャワー）
g．台所用流しを備えかつ排水設備が良好
h．適切な廃水処理設備をもつこと
i．各室にガスおよび電気のコンセントがあること
j．十分な暖房設備があること
k．調理・食料の貯蔵のための十分な設備
l．適切な燃料倉庫があること

これらの基準は一九八四年現在では、次の九項目で構成される。①修繕、②安全性、③湿気の遮断、④自然採光、⑤換気、⑥給水、⑦排水および衛生設備、⑧食料の貯蔵と調理および廃水処理のための設備、⑨内部のレイアウト。

以上のほか、住居監視員(Environmental Health Officer)による改善命令の対象として「過密居住」住宅の規定がある。その基準は、①夫婦以外の一〇歳以上の男女が同一の部屋に就寝、②次のどちらかの密度を超えたとき。一室当たり二人、二室当たり三人、三室当たり五人、四室当たり七・五人、五室以上の場合一〇+(一室ごと×二)人。~五平方メートル当たり〇人、五~七平方メートル当たり〇・五人、七~九平方メートル当たり一人、九~一一平方メートル当たり一・五人、一一平方メートル当たり~二人。

③旧西ドイツの不適格住宅基準

一九七一年に制定された基準は「不適切な住宅事情の除去」として、次の項目をあげている。

a. 住宅内部に電気による照明、コンロあるいは暖房の接続の可能性がないか、明らかに不足している。

b. 給・排水あるいは便所がないか、明らかに不足している。

c. 気候条件に適した断熱、あるいは十分な遮音が明らかに不十分。

d. 居室高さが二mを下回る。

e. 住宅の内部の少なくとも一室が九平方メートルの居住面積を有しない。

f．壁・天井あるいは床がたえず湿っている。あるいはキノコや害虫などが発生している。

g．十分な日照と十分な通風が明らかに保てていない。

h．一人当り「居住面積」が九平方メートルに満たず、一人当り室面積が最低六平方メートルを満たしていない。

④国際基準の発想でみた日本の不適格住宅

総務庁統計局による一九八八（昭和六三）年『住宅統計調査』は、住宅宅地審議会答申（昭和五〇年）が掲げた「昭和六〇年までにその全数を解消することを目標」にした「最低居住水準」指標（これは「その解消を目標」にしているという意味で日本における不適格住宅基準と考えてよいであろう。たんなる政策目標数値で何らの法的・政策的手段をもたないものであるが、それでもこのような目標を掲げたことはひとつの進歩であろう）を参考に、次のような統計数値を算出している。既に最低居住水準については触れたが、国際比較の観点で検討したい。

居住密度から最低居住水準未満世帯数とその割合を算出すると、日本の全世帯数三四七〇万四五〇〇のうち三九四万五一〇〇世帯、一一・四％がこれに当たる。東京は一七・七％、大阪は一八・九％と過密居住の割合が高い。一般に政府諸機関は、最低居住水準未満世帯の数と割合をこの居住密度からのみとりあげている。

しかし、住宅宅地審議会の答申や建設省の第三期、四期住宅建設五カ年計画自身が最低居住水準の指標としてとりあげ、さらにこれまでにみてきたように西欧諸国では欠陥住宅や不適格住宅の項目に入っている便所、台所、浴室等の設備の欠如、はなはだしい老朽住宅を最低居住水準未満に入れると、この数値はどうなるだろうか。

表3にみるように、上記「設備の不備」を加えると、全国、東京、大阪の住宅の二五・八%、三七・八%、三八・五%と急増する。さらに、「大修理を要する」（建物の主要部分に腐朽や破損など不完全なところがあって、大修理をしなければ、建物の寿命に影響があるもの）、「危険または修理不能」（もはや寿命が尽きていてこれ以上もたないと思われる住宅や災害で大破したままの住宅などで、柱の傾斜、屋根のゆがみ、あるいは建物の主要部分の腐朽や破損がはなはだしく、ちょっとした風雨、地震にも危険を感じる程度のもの）を加えると、各々の数値はさらに二八・九%、三九・九%、四〇・〇%と上昇する。

便所、台所、浴室がなく、修理不能で住めないか大修理を要する住宅は、国際的な基準をもちださなくとも欠陥住宅であり、人間が住むに値しない不適格住宅であることは論をまたないであろう。この三項目を合わせるだけでも、全国では一〇〇〇万世帯、三割近く、東京、大阪では約四割が該当する。

一九八三（昭和五八）年現在日本の住宅は全部で約三八六五万三〇〇〇戸、世帯数は三四七〇万四五〇〇、空き家は三九五万戸で一〇・二%、建築中などを引いた純空き家は三三一万戸で空き家率八・六%である。「住宅戸数は世帯数を上回っている。空き家率が一〇%近くもある。日本の住宅問題は基本的に解決した。これからの課題は量から質の向上だ」というのが日本政府の見解であるが、量が充足しているとはとてもいえない。むしろ「住宅」の名に値しない建物が多数を占めている。居住密度、基本的設備、建物構造の三点からみただけでも「住宅」と呼べるものは約六割しかない。そのほか、アメリカ、イギリス、西ドイツの各国が改善の対象として掲げている湿気、下水処理、室内の塗装、階段の手すり、エレベーター、排気孔、コンセント、給湯、遮音、断熱、日照、通風等々の要素をカウントしていくと、その数は厖大なものになろう。これらの要素の中にはすでに建設省の住宅建設五カ年計画の中で最低居住水準未満の項目として解消目標(住環境)に掲げられているものもある。そうした要素を入れた統計数値の算出が住宅事情の現状を国際レベルで把握するためにも不可欠といえよう。

表3　日本の不適格住宅（最低居住水準未満住宅）

全世帯数		全国 34,704,500	東京 4,028,600	大阪 2,650,100
過密居住 a	世帯数 累計%	3,945,100 11.4	714,700 17.7	500,600 18.9
設備不備 b	世帯数 累計%	5,019,600 14.4 (25.8)	806,200 20.1 (37.8)	520,000 19.6 (38.5)
要大修理・ 居住不能 c	世帯数 累計%	1,067,900 3.1 (28.9)	88,300 2.1 (39.9)	48,700 1.5 (40.0)

注：b ＝ a の条件を満たしている。
　　c ＝ ab の条件を満たしている。
資料：総務庁統計局『住宅統計調査』昭和 58 年度。

⑷住居基準とホームレス

一九八七年は国連の国際居住年で、その主題は「ホームレス」であった（International Year of Shelter for the Homeless）。国際居住年を提唱したスリランカのR・プレマダサ首相は国連での演説でこう述べた。「私は、貧困にたいして地球的規模での反撃をするには、十分な住宅供給をすることが基本的な要件だと考えている。私たちは過密・不衛生・危険の問題を消滅させなければならない。住宅供給は、人びとが生きていかねばならない環境を創造するうえで重大なことなのである。おそらくこの国際年は、とりわけ粗末な住宅居住者の復興に焦点をおくことになろう。もしわれわれが、各々の家庭に堅固な家を与えることができるならば、それは心のやすらぎや仕事や健康、そして何にもまして自信を育てる器を保障することになるであろう」（National Housing Development Authority, “Housing the Nation”）。

かつて、ＷＨＯ（世界保健機関）は住居の条件として、安全（Safety）、健康（Health）、効率性（Efficiency）、快適性（Comfort）を掲げたが、途上国の現状は何よりもこれらの条件を満たすことにあるといえよう。

国際年のもうひとつの目標は「世界のすべての国の住居に恵まれない人たちの居住状態を二〇〇〇年までに解消する」ことにあり、先進国の努力が求められた。ここで何をもって「ホームレス」と見なすかが議論の対象となってくる。たとえば、一九六六年以来、イギリスのホームレスのためのキャンペーン運動を続けてきた住宅運動団体〝シェルター〟は、ホームレスを不安定や不適切な居住状態の人たちだといっている。

(5)むすび

住居基準とは人間にとって必要な住宅および居住状態を指し示すものであり、時代や人びとの生活条件によって変化し発展していくものである。日本国民の住生活の現状と改善の課題に即した住居基準の確立が求められているといえよう。

たとえば現代の病気は住宅と住環境によって生じる割合が大きくなっている。そうであれば保健・衛生面からの住居の有すべき基準はより詳細に規定されるべきだろう。また現在、家庭内事故が激増している。手すりのない階段、段差、滑る廊下とともにヒートショックを起こす不十分な住環境等が主な原因である。『人口動態統計』によれば年間一三、九五二人が死亡、うち一一、八一七人は六五歳以上の老人である(二〇一五年度)。高齢化社会を迎える日本では特に老人にとって安全な住居基準の確立が要請される。その必要性の叫ばれている在宅医療も、老後の後退した心身機能のもとで老人の生活の自立を最大限に支える住居の条件があって初めて成立する。

また高齢者は現在の居住地に住み続けたいと考えているが、それには住宅の構造がそれにふさわしい状態になっていなければならない。

たとえば、スウェーデンでは一九七七年七月一日以降に建設されるすべての住宅は、「加齢・障害あるいは疾病等により移動能力や方向感覚等の低下した居住者にも住みこなせるようにすること、三階以上の住宅や集合住宅には必ず昇降機を設けること」を法律によって規定した。

住宅は、全生涯を通じて、「住宅」として存在しなければならない。いわゆる健常者にとってだけ日常の住生活が可能になるというのでは、住宅とはいえない。段差が多く廊下幅の狭い日本の住宅は、老後使用に耐えないものとなろう。老人に禁物の引っ越しを避け在宅ケアが可能となるためには、住居基準の新しい展開が必要である。また、住居とは建築物としての住宅を指す場合が多かったが、高齢化社会にあっては、ちょうど幼児にとって保育所が不可欠のように老人にとっての地域医療福祉サービス施設が必要である。住居基準は住宅自体にかかわる次元から居住地のあり方を包含することを不可避にしているといえよう。

「経済大国日本」において真の豊かさを実現しえない最大の原因は住居の貧困にあるといえる。住居基準の確立が目指すべきものは福祉と真の豊かさの基礎としての住居の確立である。

先進的な住居基準を有する西欧諸国から学ぶことは、今日の日本の中心的課題の一つといわねばならない。

⑹「スウェーデンにおける『アクセス権』と土地利用の民主主義」

この小文は、スウェーデンのStateus Planverk（The National Board of Physical Planning and Building）によって発行され、土地利用の基本原則を示した"Decisions Concerning Land Use, Scrutiny ― Participation ― Influence"の抄訳である（早川和男訳）。

一九七七年九月から一〇月にかけて約二週間、筆者はスウェーデンを訪れた。そして、上記Stateus Planverk（企画庁）で、スウェーデンの土地利用計画の考え方やその進め方を三日間にわたりヒヤリングした。その頃スウェーデンでは、わが国の土地利用基本計画にあたるものを全国的に作成中であり、短い時間であったがホットな話題として熱心に説明してくれた。そして、すでにつくられていた国土基本計画や、それを参考にしてつくられた自治体の土地利用計画図（ストラクチャー・プランその他―後述）とともに与えてくれたのが、計画の基本的考え方を示したこのタイプ印刷の小冊子である。

ここには二つの大きな方針が述べられている。

第一は、「アクセス権」（Allmansratt: The Right of Common Access）の存在である。この権利は慣習法として続いてきたもので、他人の土地であっても自然の中を自由に移動できる、というものである。

わが国の入会権、現在社会的注目を浴びている入浜権などに相当するものといえよう。スウェーデンでは、この「アクセス権」が各種法令の中に具体的に生かされているのである。どうして「アクセス権」が土地利用に際して重要なのか。技師のE・C・カールバーグ氏は、つぎのように答えてくれた。たとえば自然の中を自由に散歩する権利が保護されていなかったら、自然環境の地域を人工的に沢山つくらないといけない、また森林地域を利用できなかったらレクリエーション地域を沢山つくらないといけない、重要なことは人間が自然の中で保護されていることだ、と。

第二の特長は、計画立案に際しての徹底した民主主義である。計画は、その作成過程で住民および諸団体と協議する、原案を公開する、原案はすべてのものによって理解できまた変えられる、そして参加には住民の側にもそれなりの知識が必要であることなど、自治体が中心となり住民、政党、関係諸団体等々の参加と協議によって計画案のつくられねばならぬことがこと細かく述べられている。まさに計画における草の根の民主主義ということができよう。

わが国の計画策定が、住民参加を標榜しながら、依然として中央支配、官治体制から抜けきれないでいるとき、土地利用をはじめとするあらゆる計画がその考え方と手続きにおいて真に民主主義を確立しうる条件の一端を、この拙訳から汲みとって頂ければ幸いである。

①特別な決定を必要としないで国土のあらゆる場所において有効な土地利用に関するいくつかのルール

スウェーデンでは長い間、「アクセス権」が存在してきた。これは簡単にいえば、建築敷地でもなく耕作地でもない、また人が入っても損失を受けない土地には、誰でも入って歩き回ることができ、短い時間なら滞在してもかまわない権利の意味である。むろん、作物の成長期に耕地を歩いたり植林地に害を与えたりすることは許されない。

田園地方では、雪で覆われていない土地に車やモーター付の乗り物で乗り入れ田野を横断することは、禁止されている。雪で覆われている時でも、苗木や若木のある森林には、決して害を与えない運転のできない限り、入れない。山間地については、特別なルールが適用されている。農耕、植林、トナカイの飼育、救助作業や衛生サービス等の活動は、上記の禁止の規則を受けない。

海岸・湖・水路などは、アクセス権の面で特殊の価値をもつ。沿岸保護法は、アクセス権に基づいて一般の人びとが歩き回ることの許されている地域に、歩くことを制限するような新しい建物や構築物を設置することを禁じている。漁師小屋を休暇用のコテッジにするといったような、既存建物の利用目的を変えることも許されない。沿岸保護法は、海岸線から両側へそれぞれ一〇〇ｍの地域に適用されるが、この数字は三〇〇ｍまで広げることができる。国土管理局は、ある地域が野外レクリエーション活動に関して意味のないことが明らかであれば、そこを沿岸保護法からはずすことができる。また農業や林業・漁業、トナカイの飼育に使われる建物は、沿岸保護に関する取り締まりを受けない（これらのルールは、自然保護法第一五節・一六節に生かされている――以下同じ意味）。

州行政管理局は、戸外レクリエーションにとって重要であるような土地において、門や通路をフェンスの中につくらねばならぬということを決めることができる。この規定の目的は、アクセス権を守ることにある。大衆のアクセスを妨げるためにのみつくられたことが明らかなフェンスは、州行政管理局、場合によっては自治体がフェンスをとり除くよう指示できる。

建築委員会の許可なしに、アクセス権を制限するような〝私有地〟という看板を立てることは禁止されている。建築委員会の許可を得ることのできた看板は、どのような意味においても目立ってはいけない。ある看板について疑問が出た場合は、建築委員会に交渉することができる。もしそれが許可のないものであったら、建築委員会はその撤去を命ずることができる。

駐車や自動車交通のみに対する看板は、この禁止事項のルールの適用を受けない。何故ならアクセス権は、車輛通行の権利を含まないからである。しかし、国の許可が私道に対して与えられている場合には、その私道の所有者は一般にその道を自動車交通に開放する義務を負っている（自然保護法第一七節）。

森林は木材生産と雇用にとってきわめて重要である。森林法は、森林地が長い期間にわたって最大限に利用されうる方法を定めている。森林はまた、自然保護、野外活動やレクリエーションの面でも重要である。従って森林法では、林業は自然保護を考慮しなければならないことを定めている。たとえば、ビルの建設地の近く、また沿岸や休養地などで森林が伐採される時は、適当な樹木が残されるべきである。大衆によって使われる森の中の小路は、伐採作業の後もその使用が妨げられないように手入れされねばならない。海岸の森林には特別なルールが適用される。

最終的な伐採の少なくとも一カ月前に、森林の所有者は州森林局に通知せねばならない。こうすることによって、森林局は再植林や自然保護の面で助言を与えたり、伐採の方法を点検することができる。州森林局はまた、管理地域内の森林の伐採された材木の量を検閲する権利をもっている（森林法第一節・八節a号）。

自然環境の実質的な改変につながる作業——新しい道路の敷設や主要採石作業や送電線の建設作業など——は、州行政管理局で審議されねばならない。州行政管理局は、環境への影響を限定するために、しかるべき手段を取ることを要求する権利をもっている。伐採地を耕したり、動物を捕獲する囲いを作ることは、どのような場合でも州行政管理局で審議されねばならない（自然保護法第二〇節）。

石、砂利、砂、粘土、表土、泥炭、その他の土壌の採取は州行政管理局の許可を必要とする。

しかし、その採取が単に家庭目的である場合は、許可は必要ではない。鉱石、石油、ガス、石炭およびウラニウムなどについての作業は、国の関係官庁の許可を必要とする（自然保護法第一八節）。

歴史的遺跡は保護されるべきである。その敷地には如何なる建物も建ててはならない。また、遺跡とその回りの土地はどのような方法によっても、損なわれてはならない。しかしある場合には、州行政管理局は歴史的遺跡に影響を与えるビル建設や道路の敷設を許可することがある。その場合、建設の責任者は、歴史的遺跡の調査の資金を供することが条件として規定されるのがふつうである（歴史的遺跡保全法第一、二、六節）。

すべての建築活動には建築許可が必要である。その敷地が建物を建てるのに適しているかどうかは、自治体が決定する。この段階で、その適性や関連土地利用の現状のほか、当該地域で果たして建築活動がなされるべきかどうかについても、考慮がなされる。道路の建設や水道、下水処理施設の設置も可能でなければならない。野外レクリエーション活動に必要な敷地や手を加えずに保存されるべき自然の地域でも、建築物は建てられるべきではない。建物の外観や色彩は、場合によって周りの建物と環境に特別に合わせる必要がある。集団の建物については、都市の配置計画や地区計画の枠組みの中で検討されるのがふつうである。そして、個々の家もまた適当な敷地に建てられるべきである。これは建築の認可に関連して定められている（建築法規第二九、三八、五八節）。

公道では、道路わきの溝の外端から一二m以内には、如何なる建物も建てることはできない。州行政管理局は五〇mまでなら距離を拡大することができる。反対にもし道路の安全性がそれによって影響されないなら、州行政管理局は道路の近くに個々の建物の建設を許可することができる。州行政管理局の許可を得るためには、どんな場合でも、公道と建物に通じる私道との連結が必要である。私道から四・五m、あるいはその私道の中央線から九m以内は、建物を建ててはならない（道路法第四七節、建築法規第二九節）。

②土地利用計画は自治体によってつくられ、多くの人がその計画段階で参加できる

土地利用は、公共と個人の利害が調和できるように計画されねばならない。この計画は、自治体によって行なわれる。一般住民の参加は、実際の計画過程において大変重要であるため、法律で定められている。

(i)計画過程における協議が法律で要求されている

自治体の原案作成者はその計画の内容と形式に関心をもちそうなあらゆる人と論議すべきである、という規則が建築条例には含まれている。これは協議（consultation）と呼ばれ、自治体や国家

関係諸機関のみならず、社会団体や私的な個々人との間でも、もたれねばならない。協議をもつ範囲は最近増加している。特に全般的な利害をもつ計画の場合、そうである。借家人協会、様々の環境グループ、それに政党の地方組織は、計画の早い段階で、計画エスキースについてその意見を述べる機会の与えられるのがふつうである。協議は、会議や通信など種々の形式をとることができる。その過程で行なわれた協議の報告書は、原案に添えられる。

スウェーデンの国会で国土基本計画（一九七六年、住宅及国土計画省）が論議された時、特に強調されたのは、計画は当該自治体の住民と密接な接触をもって実行されるべきであるということであった（建築法規第一四節）。

(ii) 原案は提示されねばならない

原案が作成されると、公開で吟味されるよう展示されねばならない。これは、原案がしばしばその背景となった重要な資料と共に公開を前提として展示されることを意味する。展示の期間は少なくとも三週間なければならない。重要な意味をもつ計画の場合には、期間はより長いのがふつうである。このような場合、その原案に関する講演、討論、現地視察等の手配がなされる。新聞や地方放送も情報源として重要な役割を果たす。また展示されていることが、自治体の掲示板や地方紙上で報道されねばならない。詳しい開発計画とマスタープランは、認可を待っている土地所有者、借家人、地役権者に文書で通知されねばならない（建築法規第一七節）。

(iii)あらゆる人が原案を理解できねばならない

展示の目的は、原案についての情報を広めることと、関係者に所見を述べる機会を与えることである。決定がなされる段階では、決定者は、あらゆる人びとがその案を理解しているという確信をもちうることが必要不可欠である。従って、存在する論争点や解決策を図面や説明書で明確に示していることが必要である。

(iv)原案は不変のものではない

展示された原案は、地方議員、できうれば州行政管理局によって決定がなされるまでは、最終案とならない、ということを記憶しておくことが大切である。原案は、それに対する意見が出されて変更することのできる提案にすぎず、それ以上の何ものでもないと認識されねばならない。たとえ原案が本の形で提出されても、あるいはちらしの形で提出されても同様である。

(v)折衝は政党、利害関係団体、地方紙とも行なわれる

計画作成に関して一致した見解に達する一つの方法は、政党の地方組織や、ある種の利害をもつ組織、たとえば地域社会団体とか環境団体などと折衝をもつことである。

他の方法は、地方議会の関係グループと接触を保ち続けることである。これらの諸グループは、議会の開かれる前に彼らの行動プランを立てるための定期的会合をもっている。その場合、特に利害関係のある論点は、たとえば建築委員会とか自治体評議会において前もって議論される。重要な計画事項は、政党が前もって議論し、その間に外部の関係団体の見解もまた考慮に入れられるのがきわめて一般的である。政党グループの会議は時には、政党の全メンバーに公開されるか、そうでない場合は個々のメンバーが会議に招集される。このようにして、政党の中の一部を構成している公のセクションは、計画事項に対して彼らの見解を述べることが可能となる。

地方紙や地方放送で見解を表明することは、原案について広範囲に議論をおこす別の方法となるだろう。

ⅵ展示期間中に意見を建築委員会に提出することができる

展示中、原案について所見をもつものは、誰でも直接、建築委員会に投書したり、また当面の問題に関係をもつ組織と接触を通じて、その所見を提出することができる。計画をより確実なものとすることに関係して、土地所有者、またはその土地に特別な権利をもつ他のものは、展示期間中に自分の意見を文書で提出しなければならない。これらの見解が考慮されるということの保証は、この方法においてのみである。しかし、このことは前もって提出された見解が、つねに他の関係者の見解と調和されうることを意味しない。

ⅶ原案から決定へ

展示期間が終わると、建築委員会は原案に対して出された論議を考慮して、どのような改訂がなされるべきかを決定する。大きな改訂があれば、建築委員会はそれを承認する前に、原案を再び展示せねばならない。その後、原案は、議会へ提出される前に自治体当局で審査され、そこを通れば議会で承認の決議を受ける。承認された案は、最終的に州行政管理局に送られ、正式に承認される（建築条例第一七節、一八節）。

ⅷ計画作成過程がつねに最終的なプランの基礎になるとは限らない

土地利用に関する決定の多くは、州行政管理局その他の国家機関によって行なわれる。協議や展示に関して要求される事柄は、計画に対する建築法規に関係したものである。土地利用の他の決定についての情報は、地方紙上に掲載された議事録や声明書によって提供される。たとえば、自然保存、自然保護区域、採石、産業立地、森林伐採作業などに関する決定は、自然保護計画、森林計画、歴史的遺跡の環境保存計画といった種々の活動に関する長期のプログラムに基づいて行なわれる。もしこれらの計画が自治体の土地利用計画と相容れない場合は、それについてもまた論議する機会が提供される。

⒤x参加には知識と時間が必要である

計画作成に関心のある人は誰でも、計画に対して影響を与えることができる。しかし、それは早い時期であればあるほど容易である。計画に対して細かい作業がつみ重ねられるほど、種々の関係団体の参加する協議や、それに基づく決定に拘束される面が強くなることは明らかである。

参加には、直接の専門知識は必要でない。しかし、計画の作成がどのような過程で行なわれるかについてある程度の知識がなければ、自分の意見を受け入れてもらうことは容易でない。特に計画作成のどの段階が、一般の人びとにとって近づきやすいかを知っている必要がある。以下は、参加したいと思われる人びとの一助のためのものである。

③自治体がストラクチャー・プランと詳細計画を立てる

建築条例と建築法規は、土地利用計画を遂行していく方法や異なる利害関係を調整する方法を規定している。スウェーデンの国会は国土基本計画によって、自治体による計画に対してより細

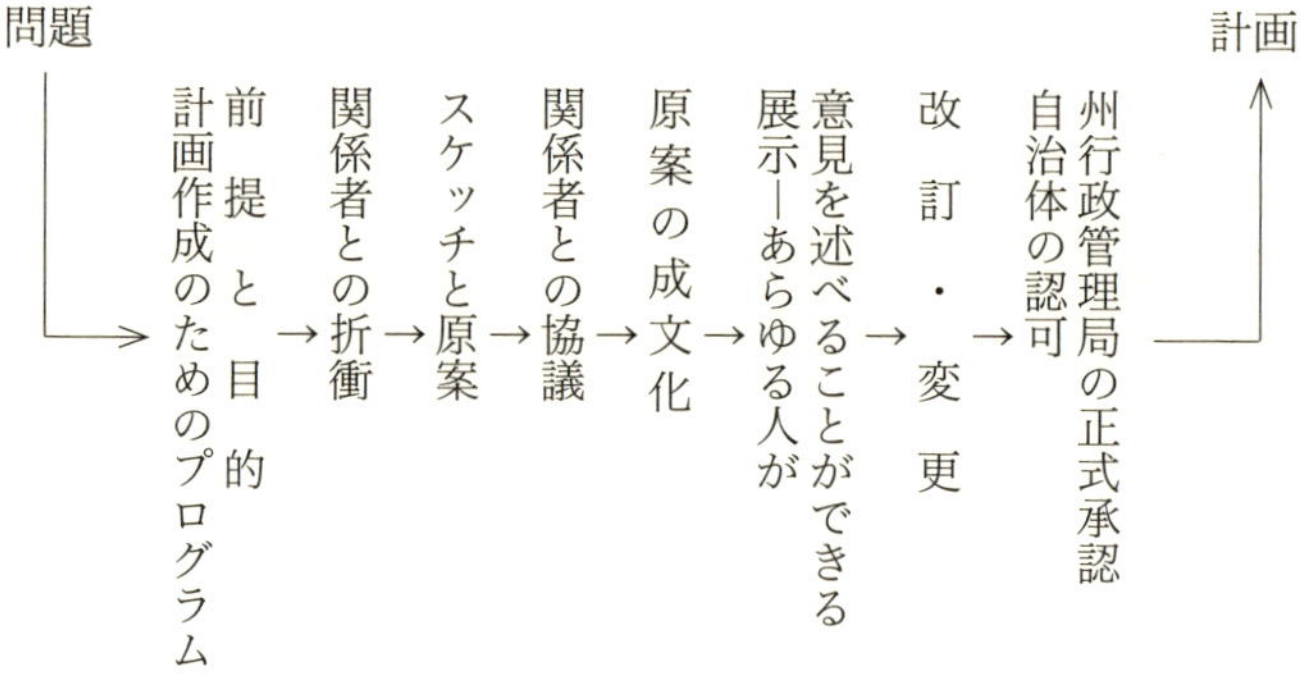

図6　計画作成のプロセス

かい方針を与えている。計画は、土地利用の改変と、重要な環境や天然資源保護の両方に言及していなければならない。

(i)建築法規における計画のシステム

土地利用は、ストラクチャー・プランまたは詳細計画によって規制されるべきである。ストラクチャー・プランは、地区計画と綜合計画を包含している。開発詳細計画とは都市計画または地区計画である。ストラクチャー・プランと詳細計画は、しばしば同一地域に対して同時につくられる。時代の変化とともに必要になってくる土地利用の決定は、この二つの調整された計画に含まれた情報をもとにして行なわれる。

(ii)地域計画はいくつかの自治体の共同作業になってもよい

土地利用がいくつかの自治体に共通な環境、たとえば首都圏などにおいて検討されねばならぬ場合、土地利用は地域計画の枠内で行なわれる。地域計画は、建築開発のタイプと拡がりの異なった市街地の要求、同様に、サービス活動や職場や屋外レクリエーションの土地利用に対して考慮している。地域における道路その他の交通手段、上下水道の供給も、この地域計画によって処理される(建築条例第一二六―一三一節)。

(iii)自治体における多くの種類のストラクチャー・プラン

諸々の開発は、自治体のストラクチャー・プランをただ一つのプラン――マスタープランによって要約し提出することが、今日では不可能なことを示している。土地利用に関するストラクチャー・プランは、多くの異なる諸問題を解決せねばならない。それはまた、自治体の経済的・社会的計画と深く関わっている。

われわれは長い間、マスタープランを利用してきた。数年前、自治体は再編成され大規模になった。現在では、ほとんどすべての自治体は、市街地と田園地方の両方を含んでいる。田園地域での土地利用は、競合が激しい。その結果、より大きな範囲からなる計画の必要性がでてきた。

ある自治体の全地域をカバーするマスタープランは、一般に自治体の綜合的土地配分計画として示される。都市地域、市街地あるいは行楽地の開発を含むより広い地域のマスタープランは、しばしば実行計画と呼ばれる。

自治体綜合土地配分計画と実行計画の二つの名称は、たんに計画がマスタープランのどちらのタイプに関わっているかを明らかにするための試みである。法律は、郊外にある一軒の家でさえも、適切な方法で配置されねばならないと定めている。郊外のどこにどのようにして建てればよいのか、また建ててはいけないのか、を規定した種々のルールが自治体のストラクチャー・プランに定められている。自治体のストラクチャー・プランとともに前述の計画が、自治体によってまとめられたマスタープランを構成するといえよう。

マスタープランは、自治体の実施プログラムとして議会で承認され、プランが時代遅れとならないようにつねに再検討される。認可されたマスタープランは、正式に承認されたものと混同すべきでない。後者は、限られた地域の土地の利用に

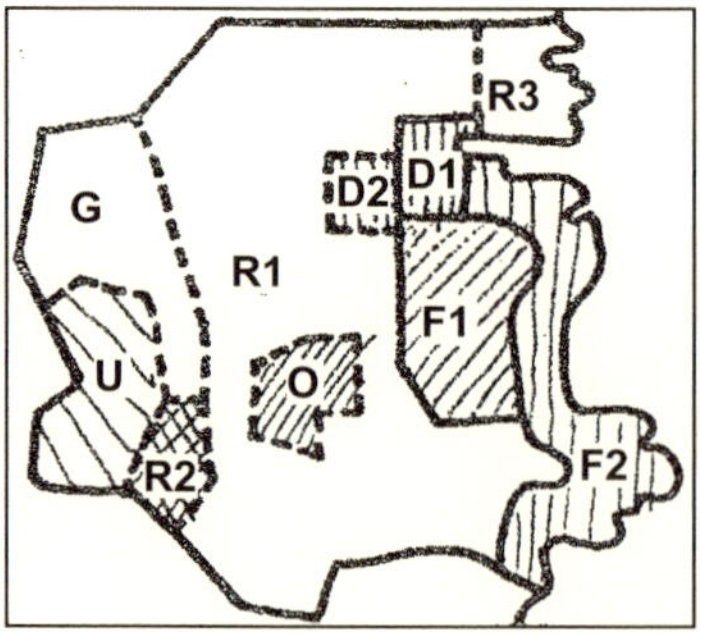

O：中心都市。建築に当たってはマスタープランの諸規則を見る必要がある。
D1, D2：サマーハウス。建築規則に従う。
F1：自然保護地域。建築物は建てられない。その利用に際しては、自治体および州当局に相談しなければならない。
F2：自然保護地域であるが、林業、漁業、農業は可能性がある。他の利用は不可。
R1：農業優先地域。農業汚染が起こらないようにする。
R2：文化史的価値の高い地域。強い規制をする。
U：鉱山としての開発の動きの出ている地域。未決定。
R3：観光地として価値ある地域。建築に際しては風景を阻害しないようにしないといけない。

図7　自治体ストラクチャー・プランの例

関するルールに法律上の地位を与えるいくつかの手段の一つである。全国で正式に承認されたマスタープランは、ほんの僅かしかない（建築条例第九、一〇節、建築法規第一一節）。

ⅳ計画の目標はプログラムで示されるべきである

計画作業を始める前に、自治体が解決すべき問題や、計画の前提を示したプログラムが作成されるべきである。ストラクチャー・プランは、しばしばそれに続くより詳細な計画のためのプログラムとして役立つ。

大部分の自治体は、国土基本計画における各自治体の役割としてのプログラムを作成している。その結果、国全体における土地利用の調整された案の提示、およびアセスメントが一九七七年春までに実行されることになっている。その時までに、自治体は計画の素材、とくに自治体のストラクチャー・プランや土地利用の配分計画をまとめているだろう。その内容が準備されている間に、自治体の土地利用が論議されることは、きわめて大切である。

ⅴ土地の配分計画は土地利用の概要を示す

いくつかの自治体は、その全区域について土地の配分計画を作成している。これらの計画は、開発の将来のイメージをよりひろい視点と長期の展望のもとに示している。それは土地が様々の地域で主に何に利用されるべきなのかを示す。また自治体が長期間にわたって保護することを望んでいる地域を示している。たとえば貴重な農業用地や、レクリエーション地域の土地、あるいはこの一〇〜一五年以内に開発の期待される地区、たとえば住宅地や保養地、工業地等を示している。道路、港、主な砂利採取場等に利用されるべき地区も示している。

この計画の表現方法は、詳細なテキストによっていることが多い。それは、計画のベースとなっている仮説、予測、代替的な開発の傾向およびそれらの結果をもまた含むべきである。その記述は、計画の提案理由の概要を述べ、かつより詳細な計画の方向性を与えている。

土地の配分計画をまだ作成していないいくつかの自治体は、ストラクチャー・プランの範囲を広げ、土地配分計画をも含ませてきている。

ⅵ実行計画は自治体の一定地区に対して作成される

実行計画もまた配分計画に関係する。それらは、たとえば都市区域や新しい行楽地のために作成され、建築物、道路、緑地等としてどのように利用されるかの輪郭を示す。このようなストラクチャー・プランは、しばしば詳細な開発計画の形で作成される多くの小区域に及ぶ。実行計画は、たとえば歴史的・文化的に価値のある漁村のような、現在の環境がどのように保護されるべきかということを示すためにも用いられる。

ⅶ詳細な開発計画は建築活動の詳細設計を示すために作成される

土地を都市開発に利用するためには、自治体は詳細な開発計画――都市計画または地方計画――を作成せねばならない。都市計画はより大きな都市区域や条件の複雑な区域に使われる。地方計画は、しばしば別荘地または小規模の都市区域に使われる。都市計画が作成されている地区では、計画図に示された道路や公園を建設し維持するのは自治体である。区画内の街路や共同利用地は、しばしばその土地の所有者によって費用が支払われる。地方計画によってカバーされた地区では、すべての道路や緑地を供給するのは、その土地の所有者である。

詳細な開発計画は地図と規則と解説からなっている。計画は建築する権利とその土地の利用方法と建築物、駐車場、遊び場等の位置の指定などを詳しく定めている。また建築物の規模、高さ、立地等も規定している。

詳細な開発計画は、工事が着工される時点には作成されていなければならない。このようにして多くの場合、計画は、実際の建築物の設計とぴったり一致する。相互作用が良い解決を生むことを可能にしたり、大衆が参加し影響を及ぼすことがそれを難しくしたりもする。

(viii)自治体と建築委員会が土地利用計画の責任を負う

建築委員会は詳細な計画と建築許可申請の審査の責任を負う。委員会の決定が宅地の細分化を抑制する。委員会はまた、建物建設について行政検査を行なう。一般に建築委員会には都市建築家、都市計画家、建築主事、技師、設計士などの公務員が参加する。また委員会と公衆の接点としての事務所があるのが、ふつうである。

主に土地の配分計画や自治体のストラクチャー・プランの準備としての構想計画は、現在では多くの場合、自治体によって扱われる。これによって自治体の他の計画との調整が円滑に運んでいる。初期の段階では、経済的結果もまた考慮される。

(ix)市議会と州行政当局が決定を下す

原案が完成されると、一般に議会によって採択される。あまり重要でない細かい原案は、場合によっては建築委員会で扱われる。採用されたストラクチャー・プランは、土地利用、建築許可申請と土地細分化の処理、より詳細な計画などへの指針を示す。採用された詳細な原案が有効となるためには、州行政当局によって正式に承認されねばならない。協議や承認過程の途中で、とりわけ州当局は国の利益と国土基本計画の諸原則が自治体の計画に対応していることを確認せねばならない。原案が正式に承認されてしまうと、土地所有者やデベロッパーや大衆は、その法律文書に従わなければならない（建築条例第一〇、二六、一〇八節）。

(x)計画——実施

計画は土地利用の何が変化し、その変化の最終的な状態がどんなものであるかを示すものである。また計画の実施方法についての説明もついているのがふつうである。しかし実施は、開発同意やプロジェクトの財政的認可など個々別々の決定を要するのが普通である。

計画が一定期間内に実現するためには、自治体がその土地を所有するかデベロッパーに同意することが必要になる。また必要な場合、自治体は、強制買収か先買権の行使による土地の強制収用権をもっている。後者の対策によって、自治体は私的な土地売買の交渉に介入し、買い手が同意したと同じ条件でその土地を自治体自身が得ることになる。強制買収と先買権の手段により、自治体は将来の発展に必要と思われる土地を得ることのできる立場にある。またこのようにして、公共の見地から望ましくない土地利用を防ぐことができる。

（注）The National Board of Planning and Building（企画庁）は、土地利用計画と建築に関する事項に関与し、これに関する勧告と指導を行う。

この庁の義務は、①計画と建築に関する情報を集収し処理する、②これらの事項に関し全体の統制を行う、

③計画について助言を与え指導する、④建築についての規制、勧告、助言事項などを通達する、⑤計画と建築に関して他の省庁から出された通達を整合させる。

計画と建築に関する日々の仕事は、自治体によって遂行される。州行政管理局は計画を整合し正式承認し、また孤立した計画と建築上の問題をとり扱う。国土計画・建築庁は、法制度の申請を監督し、計画の形式や内容に関して助言を与え、情報を提供し、すべての建築活動が準拠せねばならない安全性、衛生、設計面での必要条件を提示する。当庁によって通達された規制、勧告、助言は、当面の問題に関連した法律への補足または説明であると考えられる。当庁は The Ministry of Housing and Physical Planning（住宅・国土計画省）に対して責任を負っている。

第II部　居住福祉資源の発見

第Ⅰ部の議論と認識に基づいて、著者は一九九六年の大学退職後全国各地に〝居住福祉資源〟発見の旅に出かけた。インターネットが普及しネットで得られる情報をもとに次々と論文や著作を発表している人の多い時代だが、著者は現地を訪れ、自分の眼で確かめ、人びとと対話し質問する、いわば現地主義に徹してきた。現地訪問は一度や二度ではなく、大抵数回に及ぶ。たとえば北海道伊達市地域生活支援センター五、六回、元ハンセン病国立療養所・群馬栗生楽泉園七、八回、鳥取西部地震後の新潟県山古志村七、八回、鳥取県八橋駅「ふれあいセンター」一〇回、岡山県笠岡市デイサービス船「夢ウエル丸」乗船五、六回、同県「嫁いらず観音院」には七、八回、鳥取県倉吉市の公共トイレには市の担当者に五、六回案内していただいた。清潔で美しい公共トイレは福祉資源である。ほとんどの訪問地がこういう状態であるから、一〇数年後の今も交流の続いている場所が何カ所もある。

余談であるが、大学在職中は、中国の二〇数回を含めて一〇〇回近く欧米中心に海外を訪れた。国際社会学会住宅・環境特別委員会の理事を長年務めていたこともあったが、その機会を利用して世界の居住権運動というべきものを訪ね歩いた。その成果は、『欧米住宅物語』(新潮選書)、『人は住むためにいかに闘ってきたか―新欧米住宅物語』(東信堂)としてまとめた。

退職後は海外調査の多さに比べ国内の少なさに気がついた。そして「居住福祉資源」という仮説を立てた。しかし、何が「居住福祉資源」に該当するのかはわからない。資料を読み、人の話を聞き、現地を訪ねてみるほかない。

こうして私の旅は始まった。次に紹介するのはいずれも「居住福祉資源」を訪ねる心の旅路の記録である。

はじめに、改めてその趣旨を記しておきたい。

戦後の日本は、まちや村や国土をもっぱら経済活動の視点から評価し利用してきた。一九七二年田中角栄氏が発表した日本列島改造論はその代表であった。しかし二一世紀は、それに代わり、生命の安全、人間の尊厳、生活の安定、健康、福祉、一次産業の振興による食の安全や国土の保全等々の、いわば日本国憲法が掲げるような国民の生存権の保障、幸福追求の権利等の基本的人権と地球環境維持の価値観に立った国土づくりが必要である。それはいわば、私たちが身を寄せるこの日本の国土のどこに住んでも、安全で安心して幸せに暮らせる「日本列島居住福祉改造計画」のとりくみである。

それを可能にするには、国民自身が、まちや村や国土のすべてを居住福祉の視点からみる目を養うことが、まず求められる。「地方分権」「自治」「住民参加のまちづくり」「都市・地域再生」等といっても、「地域に住む主体」である市民にそのような目が養われていなければ、実現は困難であろう。

そのような問題意識と視点に立って、私は「まちや村を福祉の目で見る（見直す）旅」を続け、その具体事例を発見・評価する試みにとりくんできた。

私たちの住むまちや村には「福祉」とは一見無関係と思われがちでも、暮らしを支え、健康や福祉の基礎となり、子どもが育ち、生き甲斐を育み、地域社会で「安心して生きるための装置」としての役割を果たしている施設、慣習、文化、自然等がたくさんある。医療や福祉サービスは一種の消費だが、これらの「居住福祉資源」は次の世代にひきつがれ、その存在自体が暮らしを支えていく。まちや地域を、諸々の先入観を捨てて居住福祉の視点から見直し、保全・再生・創造していくことがいま必要になっている、と思う。

たとえば、日常の暮らしの中の銭湯、商店街、駅、ローカル線、郵便局、寺院、公共トイレ、民家を利用した地域の茶の間、デイサービス船、元ハンセン病の盲の人たちによるまちづくりの実践、ニュータウンの再生、そして「自分の部屋」を確保した元野宿者が人間復興を成し遂げた事例等をとりあげた。

また、防災、子どもの安全と発達、商店街の福祉空間化、脱施設の条件等、日本人と日本社会が直面する今日的課題に注目した。日常の生活施設や鎮守・寺院等が防災・復興資源として果たしている役割、子どもの犯罪被害防止に寄与している小学校や商店街のとりくみ、親と子の交流等による家庭とその器である住居の教育・福祉力の再発見、障害者が身の回りにいることの意義、農地や海岸等の生活空間としての意義、「労働の場」が居住福祉資源として重要な位置を占めていること、そしてすべて民営化の流れの中で公共施設が大きな役割を果たしていること等々について述べた。

私たちの住む「まちや村や地域を福祉の目で見直す」作業に、読者のみなさんが参加・協力してくださることを願っている。地域住民と自治体による「居住福祉資源の発見・評価・創造」のとりくみをつうじての市民の「住む能力の発展」は、「日本列島居住福祉改造計画」の出発点であり土台となるものである。本書はその試みあるいは覚書といってよいかもしれない。

本書の後半で、中国の事例をとりあげている。それは私が学会等の関係でしばしば中国を訪れる機会があることにもよるが、他の国へ行くと日本では見慣れぬ思いがけないものを目にして啓発されることがよくある。それは中国に限らないが、最近の見聞で本書のテーマに関連するものがあったので、加えさせていただいた。

一、寺社は地域の居住福祉資源

中高年者で賑う巣鴨商店街

寺院や神社は、昔から福祉空間であった。緑にかこまれたひろく静謐《せいひつ》な境内は地域住民のオアシス（砂漠の中で水がわき、樹木の生えている場所。人びとの気持ちを和らげたり、いやしてくれる場所―『大辞林』）であり、散策や憩い、精神的安定、敬虔な気持ちをやしなう。祭り・縁日等による人出と賑わい、宗教的諸行事は地域社会のコミュニケーションの場であり、レクリエーション、防災・避難空間等にもなっている。門前市にならぶ地元の農産物や魚介物の販売と購入は、地域住民の仕事の創出と交流、それらによる高齢者の外出の促進の役割を果たしていることもある。

日本人はよくお寺や神社にお参りするが、それは強い信仰心によるというよりも生活の中に定着した、いわば「生活習慣的信仰心」とでもいうようなものかもしれない。いくつかを訪ねよう。

1　「おばあちゃんの原宿」とげ抜き地蔵――東京巣鴨

「とげ抜き地蔵」は東京・巣鴨の高岩寺境内にある小さな水かけ地蔵である。地蔵に水をかけ、自分や身内の病んでいるのと同じ身体の場所をハンカチ等でさすり、それをからだに当てると治るという信仰がある。

地蔵さんの前には大勢の参詣客が並んで順番を待ち、境内のベンチは休息する人たちであふれている。中高年の人たちを中心に普段は一日に二～五万人、縁日のたつ毎月四のつく日は一〇万

「とげ抜き地蔵」高岩寺の山門

人ともいわれる関東一円からの参詣客で賑わう。

山門横の「とげ抜き生活館相談所」では、「人の心に刺さったとげをとり除きましょう。家庭内のもめごと、子育てや教育、老後の生活、その他お気軽に相談下さい」と無料で相談に応じている。

ＪＲ・地下鉄巣鴨駅から高岩寺にかけての参道約八〇〇メートルには店や露店が軒をつらね、「おばあちゃんの原宿」として、お年寄りにとって楽しいショッピング空間になっている。参詣するのはお地蔵さんだけれど、お目当ては商店街の散策と買い物を楽しむこと。滞在時間はお地蔵さん詣でよりも商店街のほうがはるかに長いというのが実情で、地蔵さんにお参りするのは二〇人に一人ぐらい。買い物が目的で来る、楽しい、と答える人が多いそうである。

値段が安くむかし懐かしい衣類や小間物等のレトロ商品の店が並ぶ。ここでの人気商品は、戦時中

水かけ地蔵へのお詣り

巣鴨商店街は福祉空間

のモンペ（婦人が労働するときにはいた裾のすぼまった作業ズボン——三省堂『口語辞典』）の機能と戦後のスラックスのスタイルを一体化した「モンスラ」で、よく売れているという。商店街の賑やかさ、興奮、買い物の楽しさは、高齢者を外に誘いだす。お年よりがいつでも来れる気のおけない「ショッピング・デイサービス・ストリート」であり、その存在自体が「福祉空間」になっている。

2　仏にかこまれたケア空間「くぎぬき地蔵」——京都西陣

京都市上京区西陣の「くぎぬき地蔵」は、境内に立ち並ぶたくさんの仏さんが参詣者を見守る、お年寄りにとって心休まるサロンである。朝五時半にはもう山門が開かれ、三、四〇人の中高年者が集まってくる。毛氈《もうせん》の敷かれた床几《しょうぎ》では、お茶を飲んだりお菓子を食べたりと、時のたつのを忘れる。家では話し相手がいなくても、ここに来ると友達がいて、楽しいひとときが過ごせる。一日に二〇〇人ほど来るそうで、女性が多い。

正式の名前は石像寺《しゃくぞうじ》で、八一九（弘仁一〇）年弘法大師によって開設された。当時は「苦抜き地蔵尊」と称されたが、今は「くぎぬき地蔵」として親しまれている。ボランティアで境内の清掃等を日課にしている女性の歳をきくと八七歳といわれた。背筋がしゃんと伸びた後ろ姿は四〜五〇歳にしか見えず、びっくりした。

「くぎぬき地蔵」石像寺の山門

境内で憩う参詣者と青空無料健康診断

〝お百度〟をふむ人がいる。家族等のために願をかけて年の数だけお堂をまわる。七五歳なら一二回。足腰が強くなって歩く力がつき元気になる人もいる。加藤廣隆住職の話によると、「ある八〇歳過ぎの女性ははじめはよたよたとまわっていたが、半年後には一人でしゃんと歩くようになった。そんな人が何人かいました」。「九四歳で亡くなった女性は九二歳まで毎日一人でお参りしていました」。

歩くことが健康によいのはみな知っている。しかし、外へ出て歩きたくなるような、楽しく心の癒される、安全で快適な道は街の中にはそう多くない。お寺の境内は仏が見守り、桜や紅葉や四季折々の花や樹木が参詣者をつつみこんでくれる。仏にむかってちょっと手をあわせることで心がやすらぐ、すばらしい福祉空間なのである。加藤住職は、寺の機能として「お寺は仏さんに守られているから、心のうさの捨て場所、心のコントロールが可能になる」といわれる。ここでも住職が無料で人生相談に応じている。

毎月二四日には汁粉がふるまわれる。隣の上京病院の医師・看護師や地域住民が支える「上京健康友の会」が、境内で青空無料健康相談会を開いている。伝統ある歴史文化環境に包まれたケア空間、心のオアシスになっている。

3　寺社は精神的居住福祉資源――「八事山《やごとさん》興正寺」名古屋

興正寺は、毎月五日と一三日の例祭には二～三万人の参詣者がやってくる。縁日の賑わいはスケールが大きい。名古屋にある日本福祉大学・社会人向け大学院での私の講義「居住福祉」の実地研究として、学生十余人と一緒に興正寺をたずね、梅村政昭執事長から話を伺った。梅村さんの話は、興味深かった。年寄りが寺にくる目的は何か、

①頼れるもの、つまり仏様がある。
②頼れる話ができる。宗教ホスピタル的な存在。
③顔なじみの人にあえる。
④げた履き、エプロンがけで出かけてショッピングができる。「縁日は年寄りのデパート」等々。

これらの話を聞いて私は質問をした。現在のお年寄りが信心深いのはわかるが、若者たちはそうでもない。世代が変わると参詣者も減るのでは、と。「いやそうではない」と、梅村さんはいわれる。「年をとれば、親や親しい友だちが亡くなっていく。病いの床に伏す。ぼける人がでる。そういうとき、心の支えになるのは仏様なのです。だれでも年をとれば仏にすがりたくなる」と。

現在の仏教ブームは、現実のつらい生活、将来に対する不安への逃げ場になっているという指摘がある。それも事実であろう。しかし、興正寺にお参りするために、朝、八事の地下鉄駅の階段を力をふりしぼってのぼる老婦人、参詣客で賑わう境内の長い石段の下でひざまずき、はるか上のお堂に手をあわせる大きく背中のまがった老女を目にして、何がこの人たちを突きうごかしているのか、と思った。

近親が病になればその回復を願って心で祈り、身近かな人の死に接すれば神や仏に不安定な自分のこころの居場所をもとめる。それが寺であり仏であり神社のひとつの役割なのであろう、という気がする。私の父は宮司で叔父は大僧正であった。いまの私には、「生活習慣的信仰心」すら心もとないが、寺社が「精神的な居住福祉資源」として

縁日は年寄りのデパート

の存在であることはよく理解できる。

五木寛之さんは『百寺巡礼―奈良』（第一巻、講談社文庫、二〇〇八年）の中で「日本の寺々には、何か大事なものがあると私は信じている。そして、その寺のある土地には、人の生命をいきいきと活性化し、大きな深いものを感じさせる見えない力が存在していると感じる」と述べているが、その感性には私も共感をおぼえる。

神社も同じである。鎮守の森にかこまれた境内は居住福祉環境資源である。鬱蒼とした樹木の四季折々の鮮やかな色彩は参詣者の心を洗う環境をつくり、そこで行われる伝統行事のお祭りはその準備段階からお年寄りや子どもの出番が多く、それが高齢者福祉につながっている場合も少なくない。祭りは子どもも心にも興奮と感動をあたえ感性をやしなう一種の福祉行事ともいえる。デイサービスは費用がかかるのに対し、これらの地蔵やお寺や神社は無料で、回数や時間に制限がなく毎日でも来れる。縁日でのショッピングは楽しく、仏さんにちょっと手を合わせることで心が安らぐ、親しみやすい福祉レクリエーション空間になっている。デイサービスは一般に送迎バスがあり、入浴や給食やリハビリ等のサービスがあって、心身の不自由なお年寄りの在宅福祉を支える役割は大きく、今後いっそう充実させる必要がある。また、どこにでも地蔵さんや神社があるわけではない。だが、こうした社寺等が果たしている役割にもっと目をむけるべきであろう。

4　「嫁いらず観音院」の知恵——岡山県市原市

岡山県井原《いばら》市の「嫁いらず観音院」は境内に入ると高さ七・七メートルの観音像に迎えられる。天平九(七三七)年、奈良時代の行基菩薩の開基といわれ、本尊の十一面観音像を拝めば「いつまでも健康で幸福な生涯をまっとうし、嫁の手を患わすこともない、という霊験がある」とされることから、「嫁不要《いらず》」の名で親しまれている。平成一三年の来場者は中国、四国、九州、関西方面から約二五万八〇〇〇人。多くは中高年である。

観音院に住職はいない。地域共同体が管理している。毎月一七日の月例祭には近在五カ寺の住

「嫁いらず観音院」の全景。右手前は蓮の池

職が交替で唱名をあげる。

　本堂の奥から、木漏れ日のさす小経を行くと、「奥の院」がある。そこで戻る人もいるが、奥の院の右手から左手へと続くなだらかな丘陵に三十三観音像が並んでいる。参詣者はお参りしながら、二〇分前後かけて丘を越える。家族に手をつながれて歩くお年寄りや、障害のある大きな身体を杖をたよりにゆっくりと登って行く男性もいる。

　本尊や観音像を拝めば嫁いらずになるわけでない。小さな丘を歩くこと、それが嫁いらずにつながる。「嫁いらず」と命名し、高齢者を外に誘いだし、観音詣でを楽しみながら、季節の風物に彩られた小山を歩かせて健康長寿の手助けをするとは。だれが考えたかわからないが、見事な仕掛けであり演出である。先人には知恵者がいると感心する。

　私は取材や案内をかねて五、六回訪ねた。丘陵は

親しげに語りあうお年寄りたち

「奥の院」にお参りする

観音詣でをしながら山越えする

四季折々の樹木の風景に囲まれ、境内の池には蓮の花が一杯にひろがる。例祭には、露店が並び参詣者で賑わう。心から楽しそうに話しあっている八〇歳前後と思われる老婦人の四人づれの風景等が、今も印象にのこる。

私が訪問するたびに、いつもていねいに応対してくださる宗教法人・嫁いらず観音院総代表の石原多喜男さん（現在は山村勝保氏に交替）によると、三十三観音像の安置されている丘陵は江戸末期から明治にかけて開かれたと伝えられるが、詳細はわからないという。いつも車で案内してくれる岡山県庁勤務の江端恭臣さんは「それを考えた人のことを調べると論文ができますね」といったが、私も研究に値いすることがらと思う。

全国どこにでもある寺社は、高齢者の心の安らぎの場所であるとともに「健康福祉ウオーキング」

の場になっているといえる。

5 被災者を勇気づけた寺院の鐘の音

石川県輪島市門前町の総持寺祖院は、長く曹洞宗の総本山であった。現在は、福井県の永平寺とともに総洞宗の二つの大本山になっている。その門前町にある総持寺も大きな被害を受けた。地震から半年近くを経た二〇〇七（平成一九）年八月、一一月の二度にわたり門前町に総持寺を訪ね、高島仙龍・副寺からこんな話を伺った。

地震で文化財がこわれたり傷んで、一カ月はブルーシートがかかったままでした。雨漏りは自分たちで修理しました。町のことも気がかりでしたが、寺のことで精一杯でした。ところがある日、新聞に一通の投書が載りました。いつも聞いていた総持寺の鐘の音が聞こえない。寂しい、と。はっと気がつきました。鐘の音がない門前は意味がない、と。それで、震災後やめていた朝の四時、一一時、夕方の六時、九時の鐘を復活しました。家々を門付けしてまわる托鉢も復活しました。すべてを震災前にもどしました。

鐘の音はふたたび町に響きわたりました。家がこわれ自信を失っていた人たちは、「ああ、お寺さんがもどってきた」と元気を出してくれました。檀家だけではありません。まちをめぐる托鉢僧は、家をかたづけながらお寺に向かって合唱する多くの市民を目にしました。親戚に身を寄せている人は、心が落ち着くといってくれました。半壊の家には救援物資が来ない。そこに托鉢僧が訪れると大変喜ばれ、励まされる、といわれました。朝の散歩に本山の中に入ってお参りする人が増えました。

朝夕、遠くに近くに聞こえる寺の鐘の音は、地震で打ちひしがれた人びとに在りし日を思い起こさせ、生きる励ましとなったのであった。人びとが日ごろ何げなく聞いている寺院や教会の鐘の音、風の流れ、川のせせらぎ、木々のざわめき、鳥のさえずり等は意識せぬままに暮らしの中に根を下ろし、生活をとりまく音環境をつくっている。それが日々の暮らし

輪島市門前町・総持寺祖院

に根付くことで、生活の安定感や安心感をもたらしているのであろう。寺院の鐘は生活の中に根付いた目に見えない「居住福祉資源」と呼ぶべき存在になっていたのである。

「鎮守の祭り」の賑わいも同じであろう。遠くから聞こえてくる祭りばやしの神楽太鼓や笛の音に誘われ、ゆかたがけの子どもたちが連れ立って出かけて行く、どこの村や町でも見かける姿も、寺院の鐘の音と同じ日本の原風景のひとつといえよう。

6　桜の下は福祉空間——バリアフリーの花見

春になると日本は桜でおおわれる。私の家の近くの護国神社でも境内で桜が咲き誇り、花見の名所になっている。

いつの頃からか、この境内に老人ホームやデイサービスのお年寄りがマイクロバスで花見に来るようになった。車いすの人もたくさんいる。桜の花の下で楽しそうにお昼ご飯を食べたり、花を見つめるお年寄りのなごやかな表情を見ていると、こちらの気持ちもなごんでくる。

眺めているうちに、気がついた。「桜の花の下は福祉空間だ」と。

家にひきごもりがちの、あるいは外出がままならないお年寄りにとって、美しい桜の花を見ながら外の空気をいっぱい吸って食べる弁当は、至福のひとときなのであろう。

お年寄りだけでなく、日本人はみんな桜が大好きである。全国各地の咲き乱れる桜は私たちに幸福のひとときをくれる。大阪・造幣局の「通り抜け」等桜並木を歩くのも晴れやかで楽しく心を豊かにしてくれる。

ところが、同神社の西浦正樹氏（権禰宜《ごんねぎ》）、久保田信子さんが、こんな話をしてくださった。

春になると桜は咲くが、車いすのお年寄りが花見をできる場所は意外に少ない。というのも、桜が爛漫と咲き誇っていても、そこまで行くには階段を昇ったり降りたり、駐車場から歩く必要のある場所等が多

兵庫県護国神社（神戸市内）で花見するお年寄り

鳥取県倉吉市・打吹《うつぶき》公園の公衆トイレ

同上トイレ・料亭の入り口のように見える

倉吉市内の公衆トイレ

い。マイクロバスの運転手をかねる介護員やヘルパーがすべての高齢者をケアしながら花の咲いている場所まで連れていくのは容易でない。人も多く、ゆっくりと花見もできない。

しかしこの神社では、一般のバスや車は入れないが、老人ホーム等のバスは花の下まで入ってきて、車を降りた目の前に大きな桜の木がある、いわば「バリアフリーの花見の名所」になっている。住宅街にある神社なので昼間は混んでいなくて、お年寄りが移動しやすく、みんなで歌を歌ったり弁当を食べたりできる。

だが境内の公衆トイレは狭く段差が多く和式で、車いすや脚の不自由なお年寄り、幼児は使えない。それで、ここでは社務所内にあるひろいスペースの洋式トイレを使わせてあげている。

その点で、鳥取県倉吉市・打吹《うつぶき》公園の公衆トイレには驚かされた。桜も見事だが、目を見張ったのはトイレの立派さだ。入口は料亭さながらである。倉吉市は「トイレからのまちづくり」で知られ、快適なトイレをバス停や電話ボックスや自転車置場やまち角につくってきた。家のトイレに花を生けるように美しい公衆トイレは公共心を養うという考えがある。

桜の開花とともに全国各地で花見が催される。しかし、花見の楽しみはサラリーマンや家族連れ、若者たちだけのものではない。お年寄りも楽しめる花見の名所が日本全国に増えることを願わずにおれない。「福祉」は幸福を意味する。「福」はさいわい、しあわせ。「祉」もさいわい、幸福、めぐみ、の意味である。

桜の下はお年寄りにとって幸せいっぱいの居住福祉空間なのである。

7　神社は地域社会の守護神

全国には公式に約八万六〇〇〇、実際は一二万とも二〇万ともいわれる神社や鎮守があり、地域共同体を守る要として存在している。社殿を囲む鎮守の森は、その土地本来の植生による自然林が多く、森林生態学的にも貴重で、境内の清々しい環境をつくりだし、参詣者の心を癒している。人びとは四季折々の例祭、初詣で、お宮参り、七五三等々で参詣するし、家内安全、病気平癒、商売繁盛、健康長寿等を祈願する。神社や鎮守は、日本人の信仰心というよりも、生活と密接につながっている。そして、地域で果たしている役割は大きい。

たとえばかつての城下町・兵庫県尼崎市内には六六の神社がある。そのひとつ富松神社の善見寿男宮司は、現代の神社が果たすべき役割として、祭祀のほか、文化財保護、薪能等の文化伝統行事、緑と環境保全、社会福祉への貢献、ちびっこ広場の提供等社会教育、青少年育成等々の地域社会への貢献をあげる。その背景として、神社には祭事や氏子総代会などを通じて地域社会の情報、直面する問題が数多く寄せられ、新たな地域共同体を守る役割が生まれている、といわれる。

数年前に地域の歴史文化財「富松城址」が税金の物納として競売にかけられようとしていた。善見宮司は「富松城址を活かすまちづくり委員会」代表として保存運動の先頭に立ち、城の土塁を遺す、鎮守の森の周辺の美化運動、子どもの小さい頃の原風景をのこす、地域の良さをわかりあう、その他いろいろな行事に協力している。

また、鎮守の森は、水や空気の浄化等、環境保全の効用だけでなく、台風や火災、地震や津波等の被害から人家を守る。避難場所になることもあり、自然、歴史、環境、防災、文化、福祉、教育、信仰の貴重な資源としての役割を果たしている。

尼崎市内の富松《とまつ》神社

富松神社の境内ではたえず住民の集まりがある

しかし、なかには鎮守の森を切りはらい、大規模な駐車場をつくっている神社もある。神社本来の役割を忘れた、文字通り神を恐れぬ行為といえるだろう。神社の存在意義、宮司の責務が問われる。

8　鎮守の森はコミュニティ施設

新潟県中越地震では中山間地での鎮守の被害も大きかった。その復元・再建は高齢者の多い被災地の復興・村民の復帰にとって大きな関心事となった。仮設住宅居住者の希望調査では「元の村に戻りたい。家の次に、倒れた墓や鎮守を再建・修理したい」という声が強かった。村々の人たちにとって鎮守は地域共同体の守り神であり、集落統合のシンボルであり、人びとの暮らしの精神的支柱として大きな役割を果たしてきた。鎮守の修復はお年寄りにとって、心が癒され落ち着く、村に戻るかけがえのない条件であった。

一般に宗教施設への公的支援は政教分離で困難とされる。だが、新潟県の中越大震災復興基金は、「地域・集落等のコミュニティの場として長年利用されている鎮守・神社・堂・祠の復旧」を「コミュニティ再建支援事業」に組み入れ、要望に応えた。「鎮守」は集落のコミュニティセンターであり、集会所と同じという位置づけである。最高二千万円まで、補助率は四分の三、四分の一は

修復された旧山古志村の諏訪神社

再建された旧栃尾第一之具地区諏訪神社

行という。

集落が負担する。その費用は一般に地域共同体の積立金等によるが、資金が足りない場合は鎮守の森のケヤキ等を伐り売却代金を社《やしろ》の再建にあてる。こういうことは旧くから行われてきた慣行という。

村の鎮守には神主のいない祠《ほこら》だけの場合が多い。社の前の広場では春の豊作祈願、お盆の祭り、秋の感謝祭、寄り合いがときおり行われる程度である。

たとえば山古志村の各集落から提出された再建支援事業申請書には、これまでの「鎮守・神社の果たしたコミュニティ活動の内容」として、次のような項目があげられている。

大祭、区民全員が集まる春・秋の祭典、各種の祭り、盆踊り会、集落お楽しみ会、相撲、八月一五日・九月五日の盆踊り大会、老人クラブの集い、ゲートボール練習、毎年七月下旬のカラオケ、区民バーベキュー大会、その他各種集会等々。小さな鎮守の社の前の広場での行事を彷彿《ほうふつ》させる。

鎮守の再建支援は行政のできにくいこと、復興基金だからできたということもあろうが、新潟県復興基金(理事長は新潟県知事)の英断といえる。二〇〇七年九月、〇八年一月、著者は旧山古志村(五度目の訪問)、長岡市、新潟県庁、復興基金事務局等を訪ねあらためてこのことをただしたが、どこでも「被災住民の要請に応えた」という返答であった。

中間地の復興について行政関係者や地元の人たちと話すと、絶えず口に出てくるのは、「文化と暮らしを一体化してとり戻す」「原風景の再生・きずなの復活」等などのキーワードである。新

事業名

地域コミュニティ施設等再建支援

事業期間　平成18年度～平成20年度

1. 被災した集会所等のコミュニティ施設の建替・修繕
（震災により離村等した元住民との交流・宿泊機能も対象にできます）
2. 防災設備を整備する場合の設備費
（自主防災組織を結成または結成しようとしている集落・自治会等に限ります）
3. 地域・集落等のコミュニティの場として長年利用されている被災した鎮守・神社の建替・修繕

補　助　率　3/4以内　防災機能付加は200万円
補助限度額　鎮守・神社の施設復旧は2,000万円

財団法人　新潟県中越大震災復興基金

（復興基金のパンフレットを基に作成）

潟県中越大地震に関する特別立法等の措置要望（平成一六年一一月、新潟県）からはこのような思いが伝わってくる。

「中山間地域における復興・再生は単に住宅を補修すればよいというものではなく、農業をはじめとする生産の基盤や高齢化を支えてきた地域のコミュニティを一緒に復旧させなければ、もう二度と故郷に戻ることができなくなってしまいます」と。

鎮守の再建は中山間地復興の鍵のひとつなのである。

〇八年一月末現在、新潟県復興基金による「地域コミュニティ施設等再建支援」事業の承認件数は一、六九九件、三四億一、九〇〇〇万円。そのうち鎮守・神社の再建支援は八八五件、一八億四、四〇〇〇万円を占める。旧長岡市の栖吉《すよし》

旧長岡市栖吉《すよし》地区の人たちと著者（栖吉神社社務所前で）

神社には六、〇〇〇万円が助成された。他の被災県では行われていない。

9　赤穂義士祭——地域の伝承文化

忠臣蔵でおなじみの一二月一四日、播州赤穂の義士祭は朝八時頃から市役所会議室での義士装束の着付けから始まる。四十七士には、市民三七人と一〇人の公募者が扮した（二〇〇六年暮れ）。着付けをするのは地元着付け教室のベテラン女性たち。義士たちの履くわらじは赤穂市内の高齢者グループ「手づくり文化伝承の会」（約三〇人）が、九月頃から二九〇足をボランティアで作った。

忠臣蔵パレードは、討ち入り装束の四十七士ら一五〇〇人ほどが赤穂城跡大手門から市中心部を練り歩く。大石内蔵助役は今回（二〇〇六年）は木村音彦さん（塩屋地区自治会連合会長、七二歳）で、義士行列の先頭に立って陣太鼓を打ち鳴らしての堂々の行進であった。

子ども大名行列、子ども義士行列は、幼稚園児から小学校低学年児童で、みんな緊張の面持ちである。よさこいソーラン踊りのグループ「赤穂でえしょん悦輝」は最高七〇歳、六〇代の女性が中心で、普段から老人ホームや障害者施設等を訪問して踊りを披露。この日は晴れの舞台である。

江戸城松の廊下の刃傷（事件）から義士が本懐を遂げるまでの物語の場面も、数台の車の上で絵

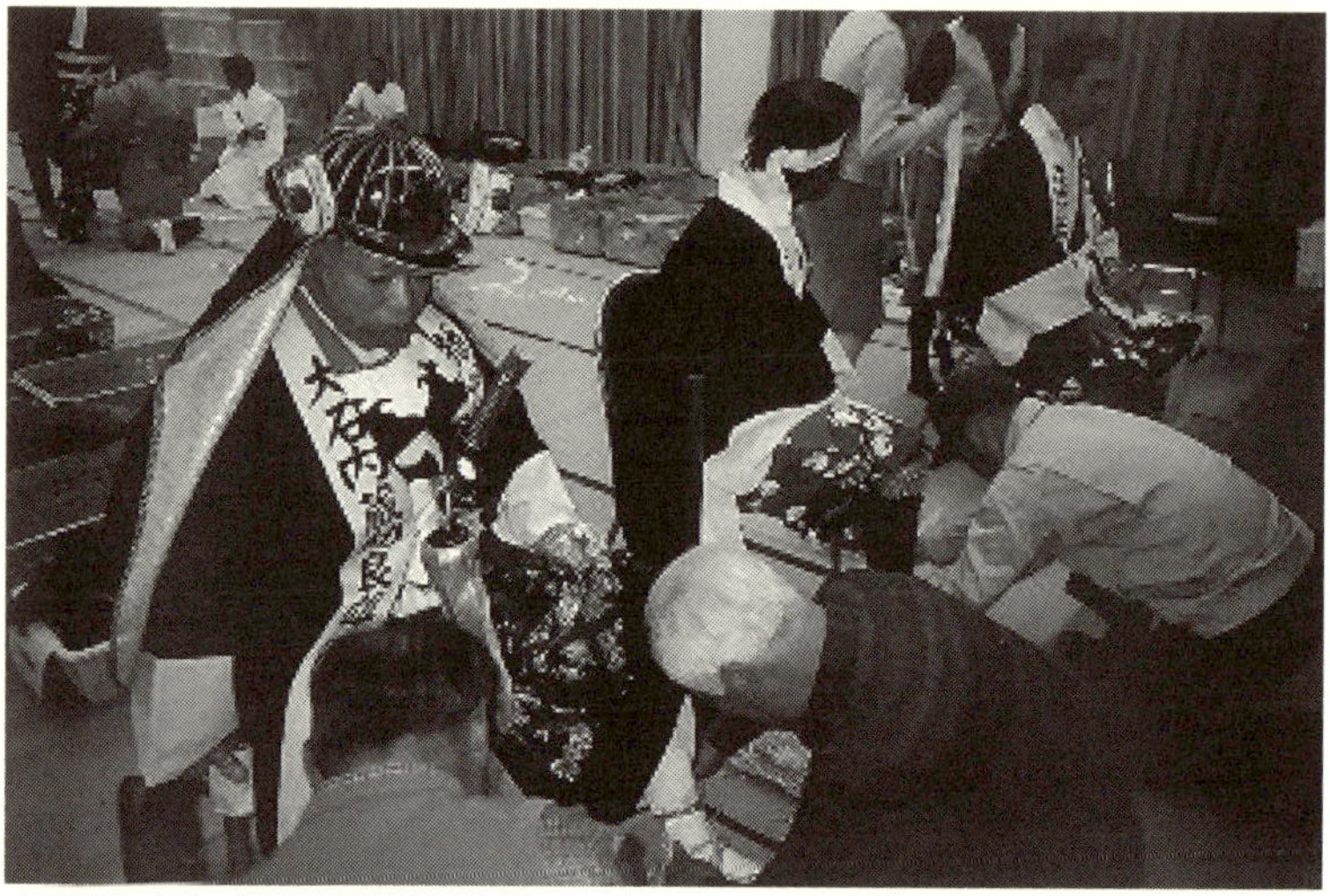

赤穂浪士たちの着付け風景

子ども義士祭の行進

巻物風に演じながら進み、名物のひとつになっている。

全国津々浦々の祭りには、たいていお年よりと子どもの出番がある。祭りの準備から行事の段取りまで、伝統行事に詳しい高齢者は欠かせない存在で、若者はその知恵を借りる。高齢者の生きがいになり、新たなコミュニティが生まれる。子どもは歴史を学び、参加の興奮を味わう。世代間の協力で受け継がれてきた祭りは、地域社会の「居住福祉資源」といってよい。

「居住福祉」とは、人間が幸せに住み生きることである。地域でともに暮らす住民が参加し世代間の伝承と協力でつくりあげられてきた祭りは、みんなの誇りとして共有でき、幸わせ感を持たせてくれる「居住福祉資源」である。義士祭の賑わいを楽しみながら、そんなことを考えた。

二、暮らしの中の「居住福祉資源」

「うちの実家」（新潟市内）でくつろぐ人たち

私たちの暮らしは様々な地域の資源や人びとの努力によって支えられている。身のまわりのすべてを居住福祉資源の視点から評価し直し新たな生命を吹き込むことが、まちをお年寄りにとって住みやすくするために必要なことだと思う。

10 懐かしさに癒される銭湯――京都「石川湯、泉涌寺《せんにゅうじ》湯」

入り口にかけられた大きな文字の〃ゆ〃と書かれたのれんをくぐると、木製の下駄ばこと脱衣ばこ。高い天井の広いホール、脱衣所、脱衣かご、大きな湯ぶね等、懐かしい銭湯内部の雰囲気がそのまま残されている。お年寄りは若いころを思いだし、心地よい居場所と感じるのであろう。

京都市上京区西陣のデイサービスセンター「石川湯」は昭和初期開業の銭湯である。水上勉さんの『五番町夕霧楼』(新潮文庫、一九六六年)のイメージにもなった、かつての遊郭の真ん中にある。二〇〇二(平成一四)年六月、デイサービスに改修された。設計を担当した京都在住の建築家・蔵田力さんに案内してもらった。

平均八五歳という利用者は、ここにくると、京都弁で〃ほっこりする〃と評判が良い。八二歳の小柄な元芸子さんは「週二回来るのが楽しみ」と笑顔を見せた。ここに番台があった、などと

「石川湯」でくつろぐお年寄りたち

昔懐かしい「泉湧寺湯」の浴室

男性が解説してくれた。一年前に赴任した二代目の施設長・竹井志織さんも「最初来たとき、初めて来た感じがしなかった。建物の雰囲気と利用者が身近に感じられる」といわれる。

同じく東山区にある天皇家の菩提寺・泉涌寺そばの「泉涌寺湯」も二〇〇三(平成一五)年四月にデイサービスセンターに生まれ変わった。

両方とも人気の理由は「元銭湯」であること。むろんどこのデイサービスにも浴室はある。だが、銭湯のひろびろしたタイル張りの大きな湯ぶねは格別のようで、身も心もほぐれる。

「〝元銭湯〟これがここの売りです。施設に行くのでなく通いなれた風呂屋へ行く感覚でこられる。朝起きて行く場所があることがとてもよい」と、泉涌寺湯の介護福祉士・皆川文子さんはいわれる。両施設とも他のデイサービスから移ってくる人もいるほど評判が良い。私にはその気持ちがよくわかる。お年寄りの多くは、住み慣れたまちに住みつづけることを望んでいる。では、それを支える居住福祉資源とは何か。「通いなれた、懐かしい人にも会える」銭湯はそのひとつであろう。慣れ親しんだ「銭湯」は、お年寄りの願いにこたえる身近な憩いの場、「居住福祉コミュニティ」となっている。

11 人生をとりもどす住居――大阪・釜ヶ崎「サポーティブハウス」

大阪あいりん地区（釜ヶ崎）は日本最大の日雇労働者の町である。二〇〇〇（平成一二）年九月、地元の簡易宿泊所（簡宿）のオーナー六人は「サポーティブハウス連絡協議会」を結成。七棟の簡宿（簡易宿泊所）を専任スタッフが入居者の日常生活をサポートする賃貸アパート（サポーティブハウス）に転換し、組織もＮＰＯ法人化した。

三畳ほどの個室、共同のリビングと浴室。そこに高齢者を中心にした元野宿者約六五〇人が住居を定め生活保護を受けて暮らす。各ハウスとも六、七人の相談員等スタッフが入居者の日常生活を支えている。居住者の言葉に私は感動した。

「夜、安心して眠れるようになりました。

野宿ではいつ襲われるかわからないので、昼寝て夜起きていました」。

私は今まで住居の研究をしてきたが、安心できる住居（居室）は雨風、寒暑、暴力等から身を守る基本的シェルターであり、人間生存の根源であることを再認識させられた。野宿あるいは飯場から飯場へとわたる彼らは、結核、肝臓疾患、糖尿病、高血圧など健康破壊もひどい。教育も福祉も医療も受けられず社会的排除の極致にいる。

だが、釜ケ崎にひとつの光が射した。安眠、入浴、モーニングコーヒー、配食弁当、通院・食後の服薬支援、安否確認、憩い、年二回の市民検診、一回の結核検診など、住居とサポートを得た彼らは人生と生活の復興を遂げつつある。

シニアハウス「陽だまり」（左）と「陽だまりⅡ」（右）

健康と自己をとりもどした人びとは、地域の公園や保育園の清掃、違法看板の撤去、デイサービス送迎バスの洗車などボランティア活動に参加するようになった。

ＮＰＯ法人代表で「シニアハウス陽だまり」オーナーの宮地泰子さんは語る。「野宿のときは町を汚していた彼らが今はそれを片付けています。住居の安定があって初めて自己をとり戻すことができるのです。住居が定まることで、九八歳の母、兄妹と再会できた人もいます」。野宿から脱出しようとする身寄りのない独居高齢男性にとって、人間らしく住むための住居の確保と生活支援は「人権回復と人間復興」の出発点になった。

新しい問題が出てきた。定住は今まで「旅人感覚」(宮地さんの言)だった元野宿者の暮らしを変える。生活とともに衣類、家具など部屋の中に荷物がふえる。三畳では狭すぎる。高齢者にとって共同トイレはゆっくり使えない。引き戸が欲しい。バリアフリーを充実してほしい。野宿時代は借金しても姿を消せばよいが、

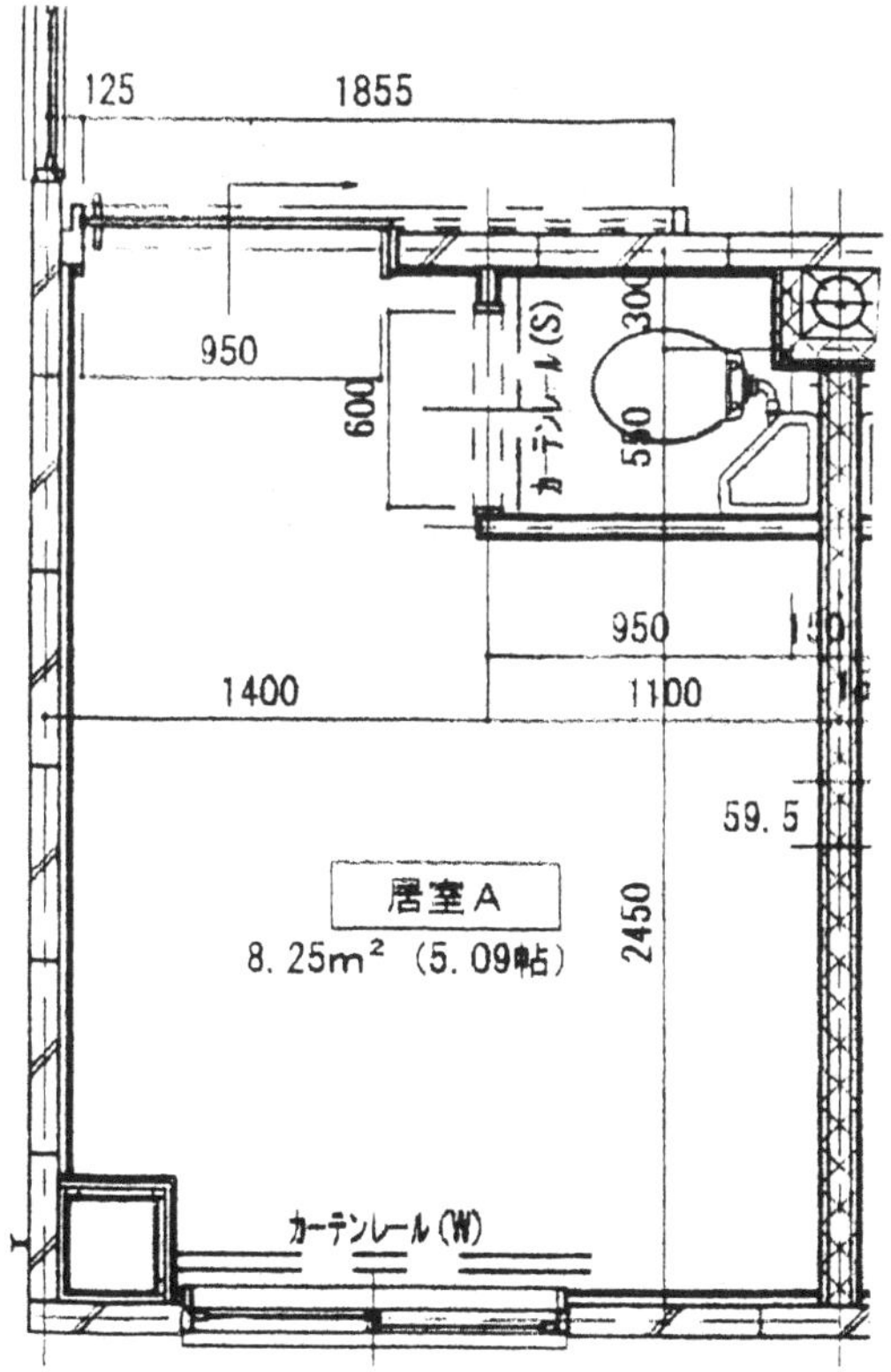

図8　「陽だまりⅡ」の居室平面図

「陽だまりⅡ」は人間の基本的欲求を満たす安眠とトイレを提供

定住では逃げ隠れできない。生活態度が変わらざるをえない。

二〇〇五(平成一七)年一〇月末、六階建四五室の「陽だまりⅡ」が隣に誕生した。約五畳の居室、専用の洋式トイレ、ゆったりした廊下、完全なバリアフリー化。元野宿者の「定住」は、人間として生き生活する上での住居の役割について根源的なことを教えてくれている。

12 家族のぬくもりをとりもどす——新潟「うちの実家」

新潟市内の住宅地に「うちの実家」という表札のかかった家がある。

だれでもよい。高齢者、乳幼児を抱えた若い母親、中年夫婦、障害のある青年など、年齢、性別に関係なく受け入れる。人と会い、話をし、一緒に食事をする。みんな実家に帰ったようにくつろいでいる。私が訪問中、「うわさを聞いた」と二人の若い女性が訪ねてきた。

平日と第四日曜日にオープン。会費は年二〇〇〇円で参加費は一日三〇〇円、食費は別に三〇〇円。宿泊もでき、新潟県中越地震では高齢の被災者に宿を提供した。

「実家」は代表の河田珪子さんが二〇〇四(平成一六)年四月に開設した。今は失われてしまった世代間の交流、気兼ねのいらない居場所、自由な近所付き合いのできるコミュニティの復活を目指している。河田さんらスタッフの理念と人柄、こまやかな配慮が「実家」の雰囲気をつくって

「うちの実家」の主宰者河田珪子さん

みんなでくつろぐ

いる。幼児をあやす高齢者の和やかな表情が印象に残る。

今ではこんな「家族」の風景は少なくなった。だから人は、安心のできる、心の安らぐ居場所をもとめてやって来るのである。

13 街の中のトイレ――秋田県鷹巣町「げんきワールド」

町にトイレがないと高齢者は外に出にくい。住民がよく知っている場所に、安全で衛生的で快適なトイレがあれば、お年寄りはもっと外出しやすくなるのでないか。

秋田県・JR鷹の巣駅の近くにひろびろとした談話室「げんきワールド」がある。元衣料店の空き店舗を改装し二〇〇一（平成一三）年に開設された。散歩や買いものの帰りに立ち寄り新聞を見る人や、列車の待ち時間に使う人のほか読書や勉強する小、中、高校生がいる。和室ではお年寄りがくつろいでいる。行政の福祉相談窓口もある。

この談話室の特徴は、大きく立派な車いす用トイレがあること。おしめ替えの台やベビーカーに乗るような小さな子どものための便器もある。

この地域に四ヵ所あるデイサービスに通う高齢者たちは、これまで買い物などにバスで出かけるときは他の地域に行っていた。街の中心に、使いやすい公共のトイレがなかったからである。

鷹巣町「げんきワールド」の待合室（上・下）

「げんきワールド」のトイレ

市民が自由に使えるトイレ

岡山の駐在所と市民が自由に使えるトイレ

それが改善され、人びとが集まるようになった。高齢者、車いすの人も散歩のときに立ち寄る。認知症のグループホームの人たちもここで休む。

談話室は住民による「福祉のまちづくり懇話会」のアイデアがもととなり、厚生労働省の介護予防拠点整備事業を利用してつくられた。地域の人の写真展を開くなど多目的に利用されている。商店街には「訪問看護支援センター」もあり、買い物のついでに立ち寄って相談できる。

〝げんきワールド〟は一日七〇人前後が訪れる街のリビング、商店街の憩いの場となっている。

〝おばあちゃんの原宿〟として有名な巣鴨地蔵通り商店街振興組合の木崎茂雄理事長によれば、商店街の一九〇店舗のうち約六割の店ではトイレを自由に使えるという。このことが、一日数万人という中高年の買い物客の外出を支えている。

岡山県では、三〇六の交番・駐在所のうち、七一ヵ所(二〇〇五年三月末)に市民が自由に使える車いす用トイレがあり、今も増え続けている。

バリアフリーも必要だが、トイレはもっと切実な問題ではないか、と私は思う。

14 「高齢者にやさしい商店街」松江市天神町

江戸時代の大通りは米屋、産地直売の八百屋、古着屋、髪結床、湯屋、本屋、寺子屋、社寺などが並び、裏長屋には職人、物売り、浪人などが住んでいた。

表通りの繁栄は、

①暮らしを支えるあらゆる業種が存在し生活文化が展開されたこと。

②裏通りの長屋は高密度の居住地であったこと、が大きな理由と考えられる。

このことは、現代の商店街再生のヒントになるのではないか、商店街復活は居住福祉空間としての再生を視野に入れることで可能になるのでないか、と思う。

一時期、さびれる一方だった松江市の天神町商店街の周辺には、独居の高齢者が多かった。「お年寄りがゆっくり買いものできる天神にしたい」と、老舗のお茶屋の社長・中村寿男さんを先頭に四〇余軒の店主が動いた。空き店舗を改装して通行者が自由に休める「ふれあいプラザ」、バス停前にはマッサージ室もある待合所で交流館「いっぷく亭」をつくり、いつも老人のボランティアがいて、話し相手やお茶の接待をする。行政は施設に福祉の予算を使って支援した。宮岡寿雄市長(元神戸市助役)の商店街再生にかける熱意が大きかったと中村さんはいう。

松江市「天神町」のバス停と休憩をかねた待合所「いっぷく亭」

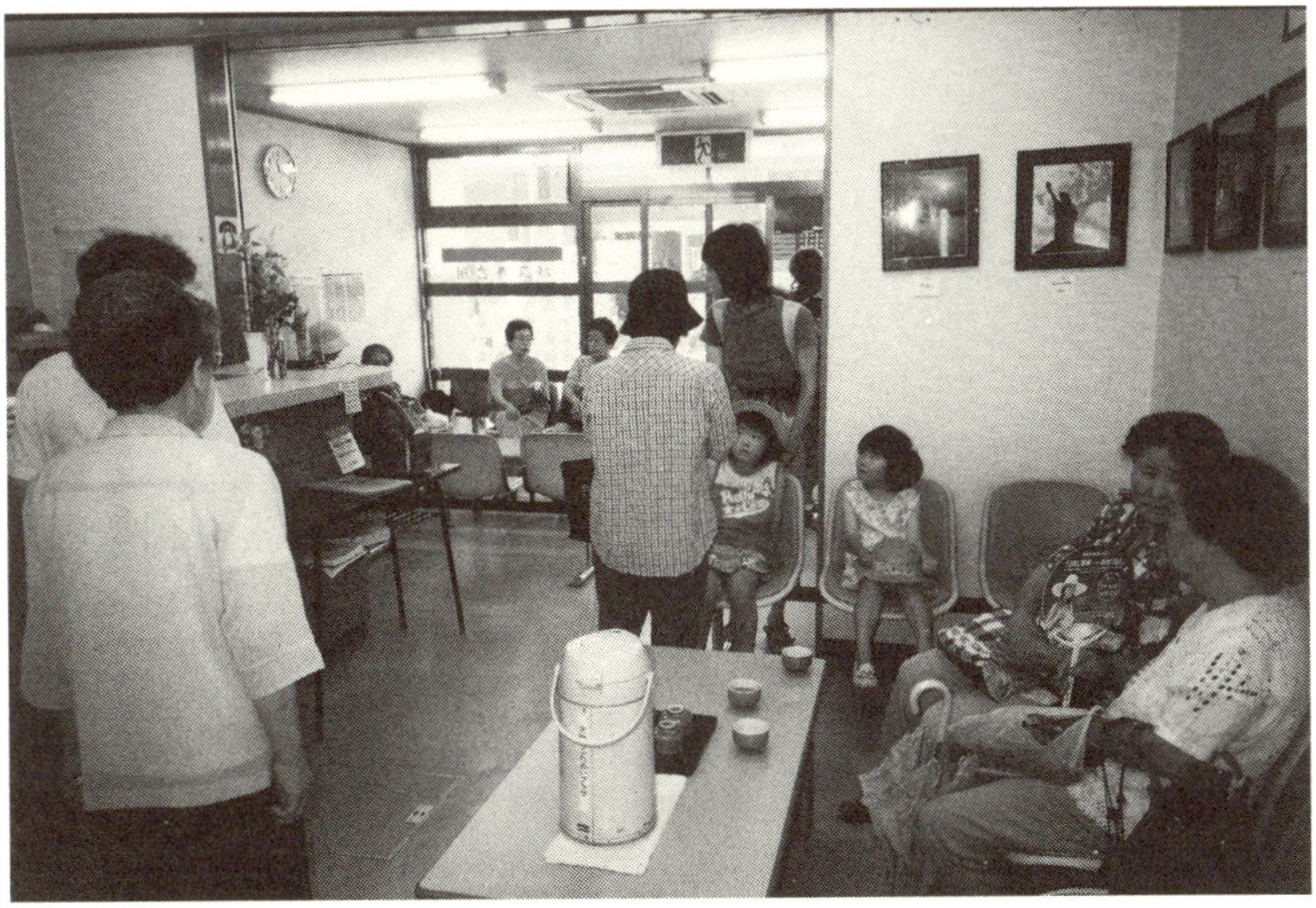

いっぷく亭の中

毎月 25 日は天神市の日

商店街の一隅にある白潟天満宮は「学問の神様」。「ぼけ封じ」にもなるはず、と境内に菅原道真の幼児期の像「おかげ天神」を安置したところ、高齢者などがお参りし、買い物客もふえた。毎月二五日は歩行者天国、フリーマーケットなどの天神市で賑わう。

二〇〇五（平成一七）年四月、精神障害者によるパンや菓子などの製造販売、レストランのある社会復帰施設とクリニックができた。島根大学の公開講座、小中高生らの物品販売体験と高齢・障害者との交流などは、世代を越えた社会勉強、人間教育になっている。さらに通りには一階に医院や店舗、低層階に市営の高齢者用住宅、上層に民間住宅計四二戸が入る七階建ての集合住宅ができる。天神商店街は江戸の大通りを目指しているかのようだ。

15　「ご近所型福祉」――米子「田園プロジェクト」

鳥取県米子市の「笑い通り商店街」は、空き店舗の元喫茶「田園」を改装し、いつでも気楽に通える身近かなデイサービス、地域交流センター、相談所、喫茶店など小規模多機能の商業・福祉施設に活用するなどの「田園プロジェクト」に取り組んでいる。商店街は「徘徊ロード」にするほか、買い物の代行など、高齢者・障害者が住み暮らせる「ご近所型福祉」を目指している。近くには障害者が運営する配食、自然食品の店、共同作業所などがある。

全国各地で、若者は郊外に住み、大手スーパーが進出し、街なかの小売商店はシャッター街に追い込まれている。老人ホームなどの福祉施設も郊外へ。郊外の大型店やデイサービスは、高齢者が好きなときに自由に出かけられない。「高齢者が取り残される街の中の少子・高齢化」が進み、生活不便と寂しさと生活不安を強いられている。

街の中の小売店や市場や各種の福祉施設は、身近かで買い物ができる、日常的に住民の生活にとけこみ、おしゃべりや相談、たすけあい、憩い、人びとの交流、生活情報の交換の場になり、各種の福祉サービスが暮らしを支えてくれる。その復興は、福祉と商店街の活性化と町の再生をかねた〝一石三鳥の街づくり〟である。

介護保険などによる福祉サービスの充実も必要だが、まず住み慣れた街と住居に安心して暮らせるようにすることが福祉の基本ではないかと思う。現在の住宅・福祉政策、まちづくり行政にはそれが置き去りにされているのではないか。

街の中にもっと人が住めるようにすることが何よりも大切である。歩いたり自転車で行動できる範囲に何でもある。近くに良い学校がある。歴史・

米子のまち直し「田園プロジェクト」の拠点は元喫茶店

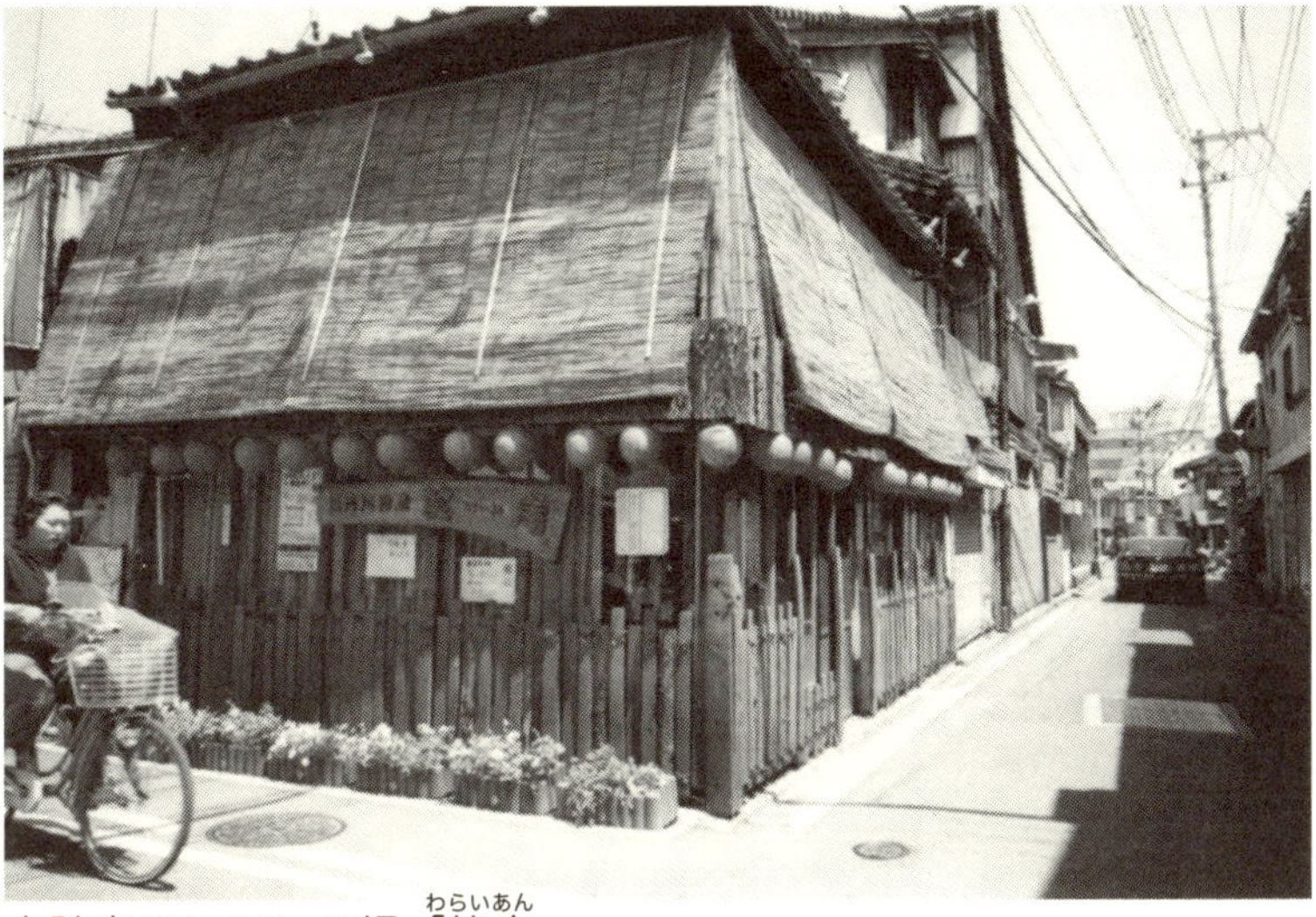

来訪者のいこいの場「笑庵《わらいあん》」

まちの活性化には地蔵尊も一役

文化・自然のゆたかな環境に住むことは子どもの情操を育む。そのメリットへの理解や関連行事などが進めば、若者も住みたくなる魅力ある街がもどってこよう。多様な芸術文化活動の拠点がある。「居住福祉資源」の再評価と創造の必要性はここにもある。そのためにも街の中の小規模公営住宅の建設や空き店舗を住宅に替えて借りあげるなどの事業を、行政はもっと支援すべきだろう。

それを支援することが本当の自治体の存在意義である。米子の人たちの取り組みは、現代社会悪への挑戦――「世直し事業」の提起といえるかもしれない。

16 「音のカーナビ」のまち――群馬県草津・栗生楽泉園《くりゅうらくせんえん》

「栗生楽泉園」は群馬県・草津温泉の山間にある。一九三二(昭和七)年に開設された大規模なハンセン病国立療養所である。約七三万平方メートルの敷地に二三七棟の建物がある。一時期は一三〇〇人以上が入園していたが、亡くなる人も多く二〇〇五(平成一七)年現在、約二二〇人余になった。在所期間三〇年以上約九五%、平均在所年数約五四年(二〇〇四年現在)。

ハンセン病は主に皮膚と末梢神経が侵される病で、視覚障害になる人も多い。視力障害一級四七名(同年)。だが、松沢清之・盲人会会長は「この楽泉園内では全盲の人も健常者以上のスピードで自由に動きまわれます」という。

園内の道路交差点に赤外線センサー付きオルゴール「盲導鈴」が五〇ヵ所あり、午前六時から午後七時まで童謡を流し、夕方タイマーでとまる。地区、場所、季節で曲はちがい、なじみの「雪やこんこん」、「雀の学校」、「焚き火」などなどが聞こえる。

さらに、すべての住棟、病棟など七〇ヵ所に「音声表示器」があり、人が近づくと「西一号棟角です」などとアナウンスする。「盲導鈴の曲と街が頭に入っているので、今どこを通っているかわかり、音声表示器でまたわかります」と松沢さん。

しかし、ここに至るには様々な苦心があった。私は、盲人会の人たちの失敗談や苦心話に聞き入った。

最初は道にそって針金の「盲導線」を張りめぐらした。空き缶をつるし、線を伝って移動する際のガランガランという音に導かれて歩いた。鉄パイプの盲人保護柵を立て、つえでたたきながら歩いた。

一九五二（昭和二七）年、貞明皇后の多額の遺金を受けて京都から盲導鈴七基を買い入れ園内にとりつけた。朝夕の点滅を近所の人に頼んだが、点滅を忘れて夜通し鳴ったり、うるさいと止める「晴眼者」もいる。

その他、様々な悪戦苦闘を経て、現在の楽泉園は「音のカーナビ」の街になった。

ハンセン病療養所「栗生楽泉園」の俯瞰（同園リーフレットより）

盲導鈴が目の不自由な居住者の道標になる

普通の街でも、目の不自由な人たちや視力の弱った高齢者は様々な音を頼りに動いている。聞き慣れた地域独特の人の声やもの音、近所の店の音、ざわめき、電車や車、スピーカーの音、鳥の声や水音や風の音、鐘の音など。そしてわずかな光や風向き、匂いなどに導かれて人は移動する。

長年つづいてきた町並みが、都市再開発で変容したり災害で壊され音環境が一変すると、こうした人びとは動けなくなる。音を視覚障害者のために積極的に利用した楽泉園の試みは、高齢社会の街のあり方を先取りしている。

三、子どもを見守る

下校児童に声をかけるホットパトロール隊員（岩倉市立南小学校）

子どもへの殺傷事件や登下校時の被害が増え深刻になっている。その一方で、子どもによる親殺しなど、いままでに見られない事件が頻発している。かつての日本の家庭や地域社会は、様々の段階のコミュニティの存在によって、子どもの心とからだが育ってゆく教育力・福祉力・防犯力を有していた。対処療法的な防犯対策の前に、子どもが安心して生きられる居住福祉資源としての地域や家庭の役割を回復する必要がある。

17　子どもを見守る地域密着の小学校

この世に生をうけ、初めて友だちや先生と出会う小学校は、人を守り育てる地域社会の宝である。そのような役割を取り戻そうとしている学校のひとつに愛知県岩倉市立南小学校がある。ここでは多彩な授業を行っている。

一年生は、落語家・司馬龍鳳さんの落語を熱心に聴いている。身振り手振りで語られる落語はコミュニケーション能力を高めるのに役立っているという。四年生は社会福祉協議会のメンバーによる福祉実践教室に参加している。体育館で車いすの体験をしているクラスもある。別のクラスは全盲の人の体験談に聞き入っている。点字を学んでいるクラスもある。これが契機になってユニバーサルデザインの研究会に発展し、どうすれば住みよい環境ができるかを勉強するまでに成長した。これらはすべて、人への思いやりを育てている、と倉田岩男校長はいわれる。

翌朝八時半からは全学年で母親による絵本の読み聞かせがあり、私も朝から参加した。そのあとで、お母さん八人と座談会を持った。

子どもは本が好きです。わずか一五分ですが、みんなすごく熱心に聴きます。集中力が養われ、読書が習慣になり、自然に図書館に通うようになりました。道を歩いていると「本を読むおばさん」と声をかけるようになり、子どもにとって顔見知りの大人が増えています。

校門の脇には「ホットパトロール隊」の控室がある。地域の退職者や高齢者三〇数人が登録しており、いつも二人が詰めていて、インターフォンで申し込むと校門を開けてくれる。児童の下校時は校門の脇に立って児童に「さよな

龍鳳さんの落語を聞く児童（岩倉市立南小学校）

人は女性。

ら」と声をかけて見送る（三、扉の写真）。パトロール隊の人たち一二人が集まってくださった。一

子どもを見ていると気持ちがなごみます。こちらは顔がわからないが子どもたちは覚えていて、街で見かけると「パトロールのおっちゃんや」と声をかけてくれる。このことが地域に知れわたり、犯罪抑止力にもなっているのでは、と考えられています。

総合教育、福祉実践教室などは全国でも行われているが、倉田校長によると、南小学校は常に様々のボランティアが参加しているのが特徴である。長屋勝彦・前校長が、学校と地域の一体化を目指して始めたもので、愛知県のモデルケースのひとつとして注目されている。

小学校は地域でもっともよく知られた存在である。子を持つ親だけでなく、学校を核に地域のおばあちゃん、おっちゃん、おにいちゃんなど、子どもを持たない大人たちとの交流がふえれば、地域社会に血が通い、結果として子どもを守ることになり、親の孤立も防げる。全国には二万三千余（二〇〇五年）の小学校がある。これらがすべて地域に生きる学校を目指せば、地域再生の手掛かりになるのではないか。それには、児童の学校に寄せる思いや役割をよく理解すべきであろう。

阪神大震災のあと、ある養護学校の先生からこんな話を伺った。

　A君が顔を見せた。

先生　震災は大丈夫だった？。みんな心配してたのよ。

A　（それには答えず）B君はどうだった。

先生　無事だったよ。

A　C君は。

先生　元気にしてるよ。

A　先生とこは。

先生　なんともなかったよ。それでA君のところは。

A　家がつぶれた。いま避難所にいる。

先生　大変だったじゃないの。それでご家族は。

A　おばあちゃんが死んだ。

先生　（絶句）

女の先生はしみじみといわれた。

「子どもにとって学校は心の支えなんですね」。

小学校で初めて出会う友達や先生は、子どもにとって心のよりどころである。自分が被害を受けても、すぐに友達や先生のことが心配になったのであろう。もし私が《学校》というテーマで映画をつくるとしたら、この岩倉南小学校や次に紹介する遠野の小学校のとりくみとともに、A君のような話が中心になるのかもしれない、と考えてみたりしている。

18　『遠野物語』を受け継ぐ子どもたち

柳田国男の『遠野物語』(『柳田国男全集』(4)、ちくま文庫、一九八九年)で有名な岩手県遠野市を訪ねた。昔話を聞かせていただくなどしながら私は、祖父母や地域との交流をつうじて〝古里を知る〟活動に取り組む子どもたちに特に共感を覚えた。

土淵小学校の「全校子ども語り部伝承活動」は、『子ども遠野物語』などの冊子から気に入った一話を選び、完全暗記を目標に学校、家庭で練習する。四～六年生は『物語』ゆかりの土地を訪ねる古里探訪で、先人たちの生活の知恵を学ぶ。その成果は敬老会、施設訪問などで発表し、観客から喜ばれて充実感と自信につながっている。ふだんから親と一緒の読書活動を通じて家庭の教育力や子どもの知り合いを増やすことで、地域の教育力を上げている。園児から高齢者までが集まる「土淵祭り」、校区全域での「あいさつ運動」などもそうである。

地域の人たちと顔見知りだと、いつもだれかが見守ってくれているようで、子どもは道を歩いていても安心だし、何かを尋ねることもできる。菊地淑子校長は「遠野は三世代同居が多く、地域の学校という意識が強く、地域の子どもは地域で見守り育てていこう、という教育的風土があります」といわれる。

南部曲がり家を再生した「遠野ふるさと村」では、高齢者の生き甲斐とこわれつつある技や行事の伝承を目的に地元老人クラブと連携して〝まぶりっと〟(伝統・手芸を守る人)の制度が発足した。全員特技がある。語り部、そば打ち、お手玉、竹細工、木工、ワラ細工、南蛮ワラ編み、団子・郷土料理、田植え、郷土芸能獅子踊りなど。ふるさと村には毎日二人が運営にあたり、観光客への昔話やもてなし、曲がり家の管理をする。二〇〇六(平成一八)年現在、二三人が登録している。

附馬牛《つきまうし》小学校では、祖父母との「ふれあい学習会」が活発である。一・二年生はお手玉などの昔遊び、三・四年生は地元伝統の団子づくりをお年寄りから、五・六年生はわら細工を〝まぶりっと〟から教わる。菊池芳枝校長は「それが子どもたちのやさしい気持ちを育みます。低学年から参加することが大事です」といわれる。また三年生は「ふれあいホーム附馬牛(デイサービス)」を訪問し、ゲーム、輪投げ、玉入れなどを一緒にする。車いすの人も、座ってできるリハビリのかたちで参

柳田国男の常宿を移築した「遠野昔話村」

“まぶりっと”から「馬っこ麦ワラ細工」を教わる子どもたち

加する。高齢者だけの核家族もすすんでいるので、子どもとのふれあいは楽しみになっている。みんな生き生きして帰る、という。

地元の小学校は、東京都武蔵野市の児童の合宿体験を受け入れている。

これらの諸活動に接して、その背景にはすべて、遠野の歴史と民話という目に見えない媒体が存在しているように、私には思えた。附馬牛小学校での合宿体験は遠野市の政策で、子どもたちの希望する小学校が受け入れている。二〇〇六（平成一八）年八月の参加人数は二四人、うち八人が附馬牛小学校に滞在した。附馬牛小学校、土淵小学校、青笹小学校など田舎の小学校への希望が多い。武蔵野市の子どもたち（五、六年生）の受け入れは一〇年以上続いている。

前掲『スモール・イズ・ビューティフル』で有名なE・F・シューマッハーは「教育は価値の伝達である」という。現代社会の問題状況は、学校も地域も家庭も、私たちの祖先が築いてきた英知を伝達できない状況に追い込まれていることである。家庭の中で培われ地域の中に結晶した価値物がまちをつくり人を育てる、という認識が大切である。遠野には、いまもその伝統がしっかりと受け継がれているように思える。

19　家庭の教育力・福祉力

兵庫県尼崎市教職員組合の協力で小中学生約一〇〇〇人の健康、情操、成績と家庭及び住居の関係を調べた。教員は年に一度以上家庭訪問する一方で、児童の情操・健康・成績を掌握しており、両者の関係を知ることができる。そこには、家庭の教育力・福祉力ということがよく現れている。

①生活習慣と健康・情操・成績

朝、洗顔する、朝食をとる、排便するなどの児童の生活習慣は、起床から登校までの短い時間をコントロールする自立(自律)性が身につくことで、忘れものが少なく遅刻しない。逆に生活習慣のない子どもは、すぐ人にたよる、忘れ物をする、などの「依存的性格」として現れる。学校の成績にも反映し、生活習慣が身についている児童は成績が良い。成績は子どもの人格や能力をそのまま現すものではないが、生活習慣は集中力や自己コントロール能力を養い成績に反映するのであろう。

親のしつけも必要だが、住居の状態も関係する。たとえば洗面所が日当たりや風通しのよい場所にあると「毎日洗顔する」習慣がつきやすい。アパートの共同トイレでは排便の習慣化は困難だし、家庭専用トイレでも大小兼用の一穴便所では朝はラッシュアワーである。排便をしないで登校しおなかが痛いという児童は、トイレに連れていくとたいていおさまる、と保健室の先生はいう。

京都で肛門科中心の医療を行っている倉田正・くらた医院長は「家庭のトイレは二つか三つ必要。また時間に追われている人は睡眠、食事同様に短い時間で排便しなければならない。気張りすぎて負担をかけるので肛門が壊れている。高齢者だけでなく、外で遊んでいる子どもも困っている。バス停などにもトイレがほしい」と指摘している(前掲「おもしろ『居住福祉学』」)。

②食事の相手が影響する子どもの発達

食事どきは家族が集まって話をするひとつのチャンスである。しかし、一般の家庭では朝食、夕食ともに家族みんながそろっての食事は次第に困難になり、「孤食」が増えている。孤食は食事がおいしくなく、食欲もわかない。一人ではおかずの数も少なく偏食しがちで、栄養のバランスがとりにくく体調をくずしやすい。

親が子どもと一緒に食事をとることで顔色などを見て健康状態がわかる。中学生の「顔色が悪い、肥満、痩身、腹頭痛」は、〝家族と一緒に食事〟をしている場合は一四・二%、〝兄弟姉妹と一緒〟一八・二%、〝自分一人で〟二六・九%などである。夕食は家族の「心象風景」でもある。子どもは夕食をとりながらその日のできごとを親に聞いてもらう。その繰り返しで親は子どもを見守り、

◉毎朝洗顔・朝食・排便をする子は◉
・忘れものが少なく遅刻しない
・身の回りの整理・整頓ができる
・学校生活の規まりを守る
・根気強く物事を最後までやり通す

◉しない子は◉
・整理・整頓ができない
・忘れものが多い・すぐ人に頼る
・友だちと遊べない、友だちが少ない

※小学校低学年の場合、洗面所が日照や通風のよい快適な場所にあると「毎朝洗顔する」子は82.3%いますが、狭くうす暗いところにあると64.7%に下がります。

図9　生活習慣が与える影響

表4　生活習慣と情操

（単位：%）

		マイナス面			プラス面		
		依存的	攻撃・衝動的	学校不適応	自制力あり	自立的	社会性あり
洗顔	毎朝する	15.4	10.3	7.7	38.9	45.7	55.4
	ときどき・ほとんどしない	32.4	12.1	15.6	28.1	30.5	48.4
毎朝	毎朝食べる	18.8	9.6	9.4	35.4	44.8	54.8
	ときどき・ほとんど食べない	27.2	16.5	12.7	39.2	26.0	46.8
排便	毎朝する	19.4	8.7	8.3	38.8	45.6	58.7
	ときどき・ほとんどしない	20.6	11.5	10.5	35.3	40.3	52.1

（早川和男『安心思想の住まい学』三五館、1995年より）

子どもは家族を意識し、精神的に安定し、ほめられたり、叱られたり、勇気づけられたり、さとされたりしながら成長していく。他に代えられない家庭の持つ固有の役割である。いうまでもなくそれは、家族と一緒に食事のできる部屋のあること、親などが遠距離通勤や長時間労働から解放されることが必要である。

③心を育てる親子の対話

家庭内での親子の対話は子どもの発達に大きな影響を与えている。対話時間が長いほど社会性や自立的性格が、短いほど登校拒否などの学校不適応症が強くなる。成績にも反映し、両親とも同じ傾向だが特に父親との対話の影響が大きく、精神形成に影響を与えているようである。

映画監督の山田洋次さんも「父親は母親と違って子どもが最初に接触する社会の入り口のようなものだから、生きていくことのめんどう臭さとか、そのための技術とか掟を

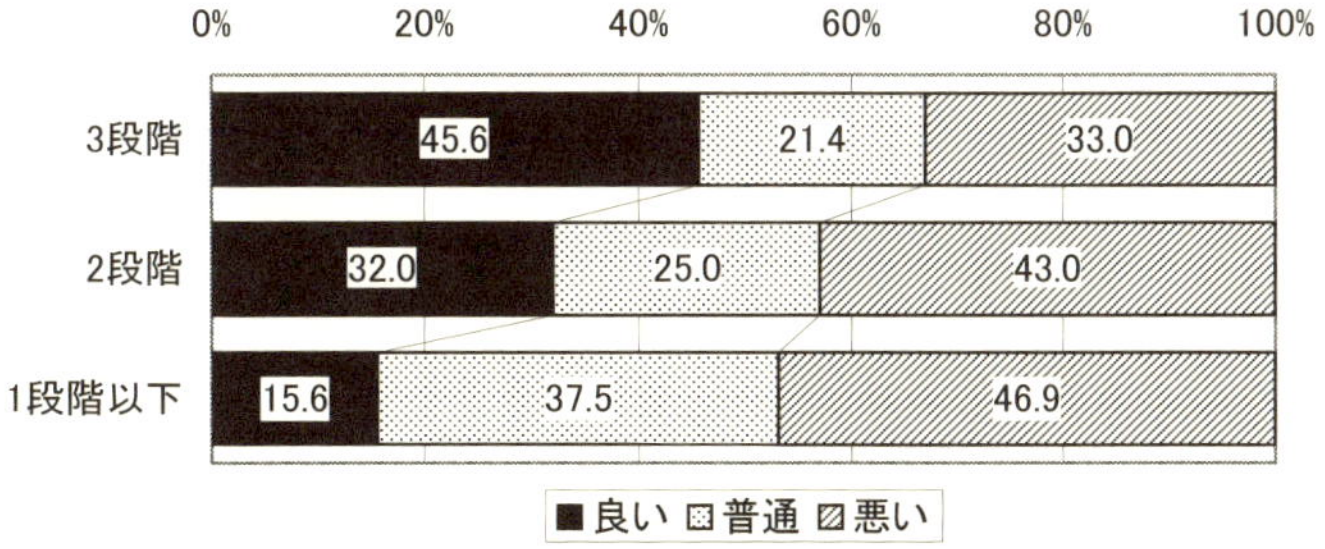

注）3段階：毎朝洗顔・朝食・排便する
2段階：そのうち二つする
1段階以下：一つまたはまったくしない

図10　生活習慣の度合い別成績（中学生）

• 家族一緒に食事をする子 •
・健康で明るく元気に活動する
・友だちが多い
・落ち着いて行動し、物ごとに動じない
・学校の当番や係りを熱心にする
・学校生活の決まりを守る
・忘れものがない

• ひとりで食べる子 •
・好き嫌いが多い
・顔色がわるく、肥満・痩身が多い
・いつもイライラしている
・すぐにケンカをする
・気分にむらがあり、よくウロウロする
・欠席日数が多い

図11　食事の相手による影響

表5　夕食の相手別情操

（単位：%）

	マイナス面			プラス面		
	依存的	攻撃・衝動的	学校不適応	自制力あり	自立的	社会性あり
家族で	15.7	8.8	13.0	32.0	44.5	49.2
兄弟・姉妹で	19.2	19.2	11.5	31.0	36.2	39.7
自分ひとりで	25.0	25.0	31.3	20.0	5.0	40.0

注）プラス面は小学生、マイナス面は中学生

教えてくれる役割」を強調している(『寅さんの教育論』岩波書店、一九八二年)。
しかし、ここでも親が遠距離通勤や長時間労働で家にいなければ、対話による家庭の教育力も困難である。子どもの人権を守ることは親の人権を守ることであり、その基盤としての人間の尊厳を守る居住保障が必要である。

④家庭文化を伝える手伝い

手伝いは親子のふれあいをつくり、子どもに家庭での役割と責任を与え、生活技術、生活様式、生活文化が伝わり、生活に張りを持たせる。親は子どもに、家の中や外の手入れ、掃除、動植物のめんどうなど、様々の仕事のやり方を教えながら話をしたりアドバイスができる。手伝いは家庭の中での共同作業であり、生活文化の伝承である。子どもにとっては自分の存在が認められることであり、家族の一員であることを子どもに自覚させることにもなる。いまはそれが失われ、様々の「家族の危機」が生じる原因となり、家庭文化の継承をそこない、親子の断絶につながる契機になっている。

手伝いの有無は性格や成績にも反映する。手伝いの有る無しで「自制力」はそれぞれ四六％、二五％。「不健康」は一五％と二五％。「依存的性格」は二九％と三八％。「成績が良い」は三六・四％と二六・八％など。

両親との対話時間が長いほど、子どもの社会性が増し、成績も良くなっています。特に父親との対話で顕著です。母子家庭などでは母親がその役割を意識する必要があるでしょう。

◉長時間の子◉
・未知の知識を学ぼうと勉強に意欲的
・論理的思考力が養なわれる
・社会性がある
・自分で考え進んで活動する
・気持ちが落ち着いている
・根気強く最後までやり通す

◉少ない時間の子◉
・登校拒否になりやすい
・友だちとうまくつきあえずいじめられやすい
・いつも疲れていて気が小さい

図 12　両親との対話時間

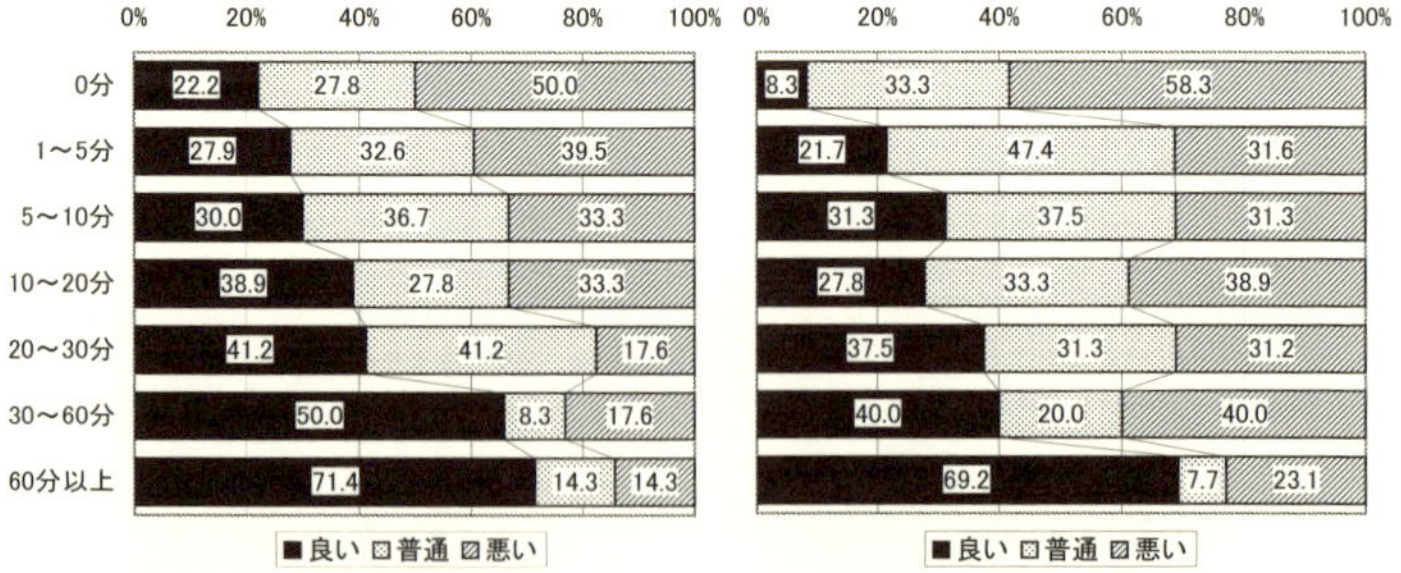

父親との対話時間別成績（低学年）　母親との対話時間別成績（低学年）

図 13　親との対話時間別成績

長く小学校の教諭を務めた丸岡玲子さんは、子どもの家事参加の持つ意味についてこう指摘している。

第一は、手を動かして仕事をすることは、大脳の発達をうながす。何回も失敗しながら道具を使うことは人間としての能力の獲得につながる。

第二は、人間として生きるのに必要な技能や技術を身につけ、自分の世界がひろげられる。

第三は、仕事をきちんとすることを通して、人間性を養うことができる。

第四は、小さいときから労働の意味を知る。

第五は、家族は助け合って生きていくのだということを、自分の体験から身につける（丸岡玲子『子どもの自立と生活力』国民文庫、一九九〇年）。

⑤子どもへのテレビの影響

テレビは生活に欠かせない存在になっている。有益で面白い情報や番組で目をひらかせてくれたり楽しませてくれるが、一方で子どもの発達に好ましくない影響も与えている。大人も同じだが、テレビを見ていると何も考えなくても時間が過ぎてしまう。特に子どもには自分の精神を活性化させる必要にせまられず、自己を抑制することができなくなってしまう。

◉している子◉
・健康で成績が良い
・自分のもの、ひとのものを大切にする
・当番や係の仕事を熱心にする
・あいさつや言葉づかいに気をつける

◉していない子◉
・よくすねたり、甘えたがる、すぐに泣く
・自己表現がうまくできない
・人前でひどく恥ずかしがる
・いじめられやすい

図 14　手伝いの効果

表6　手伝いの有無別情操（低学年）

（単位：%）

	マイナス面				プラス面	
	依存的	退行的	攻撃・衝動的	社会性なし	自制力あり	自立的
している	29.1	20.0	13.6	28.2	45.5	45.5
していない	37.5	32.1	25.0	42.9	25.0	33.9

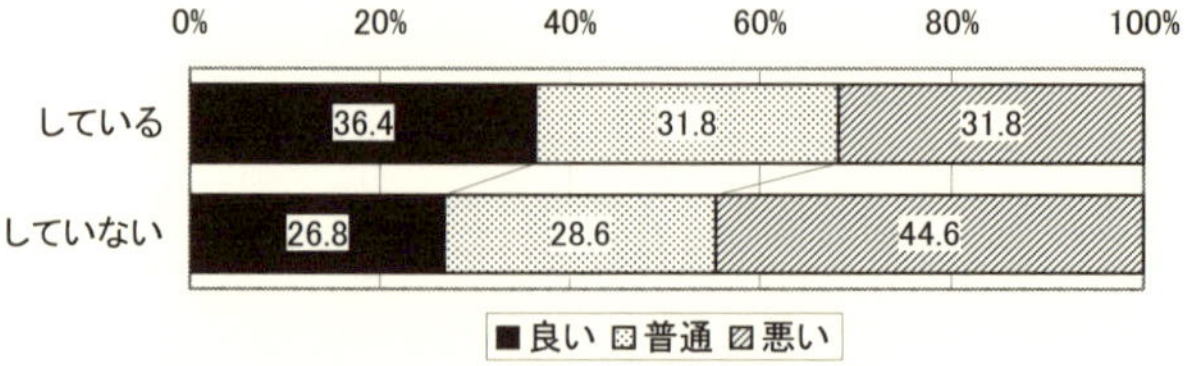

図 15　手伝いの状況別成績（低学年）

アメリカ・コロラド州で「学習障害」の相談活動にたずさわるジェーン・ハーリーさんは、子どもを取り囲む現代社会の影響のひとつにテレビがあり、その弊害としてテレビは読むことよりも精神的努力が少なくてすむ、と次のような点をあげる（『滅びゆく思考力』西村辨作・新美明夫訳、大修館書店、一九九二年）。

・ひとりで注意を向けつづける能力
・積極的に問題に取り組む能力
・集中して聞く能力
・理解しながら読む能力
・効果的にことばを使用する能力

などが特に脅かされているという。私たちの調査でも、「自制力」は視聴時間が短い子どもに強い。自制力がないから長時間見るというよりも、ずるずる惰性的に見ることで自己制御能力を失っていくという作用のほうが大きいのではないか。

テレビゲームは自分でやるという能動的な面があるが、テレビ視聴と同じ結果が出ている。一時間を越えると「自制力なし」、「依存的」、「攻撃的・衝動的」性格が急上昇する。ハーリーさんは「テレビの使用にあたっては、子どもたちに好きな番組を見る計画をたてさせ、制限をもうけること。親はテレビの内容などについて話しあうこと」をアドバイスしている。

テレビ視聴・テレビゲームの時間の長さと住居のひろさは密接な関係がある。子どもは親や兄弟と一緒にいたい。そのとき部屋が小さく家族のだれかがテレビを見ていると、だらだらと「惰性的視聴」に陥ってしまう。部屋が大きければそうはなりにくい。私がロンドンで下宿していた家のリビングルームは三〇畳ほどある。テレビのコーナーでは高校一年生のダンカンがサッカーを見ている。部屋の真ん中あたりでは四〜五歳のキャロラインが母親と話をしている。その隣で高校三年のキャサリンが寝そべって本を読んでいる。テレビと反対の隅には大きな書机があり、そこで夫の研究公務員と私が話をしている。

家族の生活習慣や意志の力も大切だが、子どもの部屋は小さくてよい、家族の集まる居間はなるべく大きな部屋がよい。子どもは家族の居るところで宿題をしたり本を読んだりしたいのである。

これらの事例をみるとき、子どもたちの人間性の発達と回復にとって、家庭生活とその器としての住居の状態が大きな位置を占めていることがわかる。生活習慣を身につけ親や家族と会話や食事をし家事を手伝うといっても、快適な洗面所やトイレ、父親の居場所、家族で話のできる部屋、両親の通勤・労働時間短縮などの諸条件が不可欠である。ゆとりのある家でないと、手伝う家事など見あたらない。子どものこころやからだが蝕まれている現在、家庭の教育力・福祉力の回復は、親の認識や努力はむろん必要だが、住生活全体の改善に社会的に取り組まないと、実現

テレビを見たりテレビゲームをする時間の長さに住まいの広さが影響します。一人当たり部屋数が一・五室以上では平均一一六分ですが、狭くなるに従い長くなり、〇・五室未満では一五二分になります。また、中学生では子ども部屋があると、視聴時間は短くなる傾向にあります。

◉長い子◉〈テレビ・TVゲーム時間〉◉短い子◉

長い子
- いつもイライラしていてすぐに暴力をふるう
- いったん怒ると機嫌がなおりにくい
- 不平不満をよくいう
- 気分がかわりやすく好き嫌いが多い
- 身の回りの整理整頓ができない
- 依頼心が強く学校の欠席日数が多い

短い子
- 自制心があり集中力がある
- 落ち着いて行動する
- 自分の言動に責任を持つ
- あいさつ・言葉づかいに気をつける
- 友だちのことを考え正しく行動する
- 根気よく最後までやりとおす

図16　テレビ・TVゲームの影響

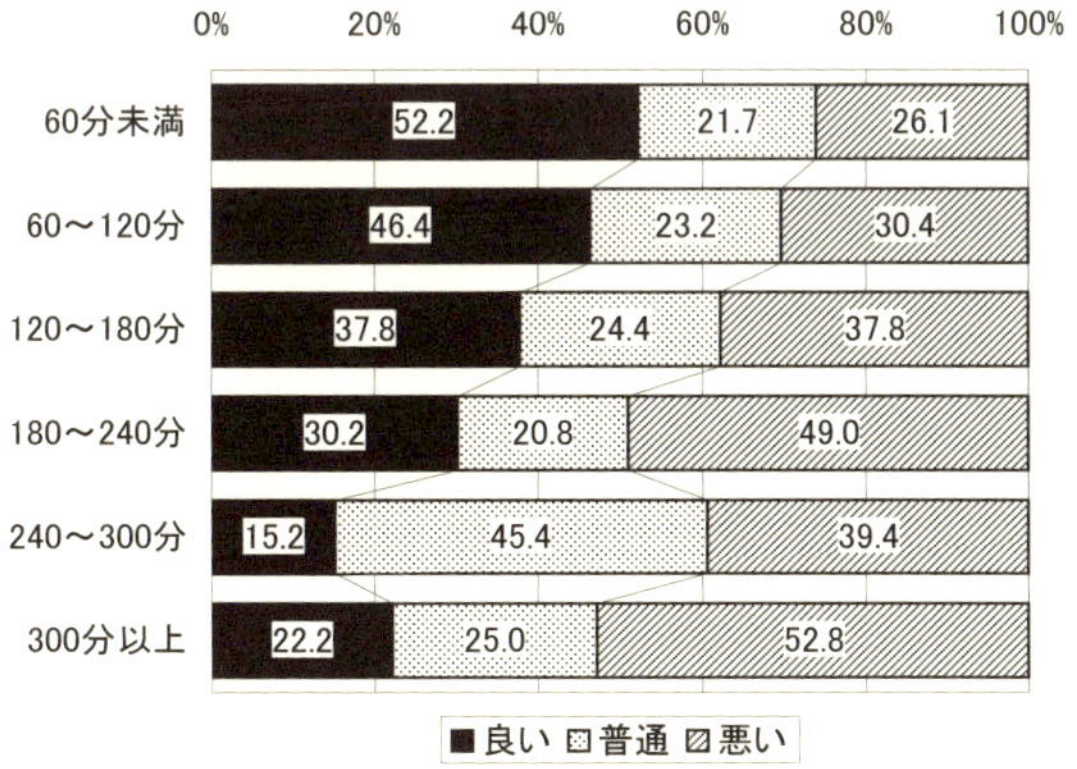

図17　テレビ＋TVゲーム時間別成績（成績）

できない。

「居住福祉資源」としての家庭を回復できる居住条件の実現とそのための政策は、現代社会最大の課題の一つといわねばならない。

なおこの調査結果の詳細は、前掲、早川和男・岡本祥浩『居住福祉の論理』(東京大学出版会、一九九三年)に収録されている。

四、障害者が住むまちの豊かさ

知的障害者たちによる「なかよし太鼓」。長田駅前での公演

20　被災者を勇気づけた〝なかよし太鼓〟

障害者は、しばしば世間から差別されたり、お荷物と受け止められている。しかし阪神大震災後の障害を持つ子どもたちによる「なかよし太鼓」の活動は、落ち込んだ被災者の心を癒し励まし勇気づけたのであった。

三〇年近く前から、神戸の長田で「神撫《じんぶ》太鼓」という和太鼓のグループが活動している。リーダーはシューズ関係の会社社長・三浦清三さんである。あるとき、知的障害を持つ子どもたちの集いで、神撫太鼓の演奏のあと「打ってみる？」と聞いたところ、子どもたちはうれしそうに叩いた。それをきっかけに、三浦さんは「太鼓をやろう」と知的障害者の親子に呼びかけて「なかよし太鼓」が誕生した。親子一緒に近くのガレージや小学校で練習が始まった。

それから三年目に震災があった。長田区は被害が大きい。「もう続けるのは無理だろうと思ったが、メンバーの『太鼓でみんなを元気づけたい』という声に勇気づけられて、三カ月後には練習を再開しました。子どもの叩く太鼓は被災者の元気の源になり、メンバーの喜びにもなりました。太鼓をつうじて、障害者自身の落ち着きや集中力や持続力が生まれ演奏もうまくなり、充実感が高まりました」（なかよし太鼓代表の時本清子さんの話）。

「なかよし太鼓」の練習風景（フータン工房２階ホールで）

被災者が肉親や家を失い呆然自失の中にいるとき、知的障害者はそのことに大きくわずらわされず太鼓を打ち、被災者は復興への意欲を湧かしたのである。打ちひしがれた健常者の回りに障害を持つ子どもや若者のいたこと、そして「なかよし太鼓」のメンバーのやる気が回りの人たちに生きる力を与えたのであった。

福祉の分野で「ノーマライゼーション」が強調されている。高齢者などが、子どもや若者と一緒に普通の街に住むことの意義を説いたものだが、それとは逆に子どもの回りに高齢者や病人や障害者がいれば、人は老いること、病を得ること、障害を持つことなどを知る。それが様々の障害を持つ人たちへのいたわりの心を育んだり、彼らの優れた面を知る機会につながる。現在の画一的な住宅地の人間集団の中で人のこころは育ちにくいのではないか、と思う。

ある晩秋、「なかよし太鼓」の練習風景を見学に出かけた。太鼓のリーダーで、ふだんは共同作業所で働く知的障害を持つ広島隆志さん(三三)が、丁寧に解説してくれた。彼のリードによる、統一のとれた太鼓のリズムと迫力がホールに響きわたり、圧倒された。弱者としてとらえがちな、彼ら知的障害者たちの笑顔と能力にふれ、居住福祉の原点である多様な人たちの共生の必要性を再認識させられた。春にはＪＲ長田駅前でのイベントに神撫太鼓のグループとともに出演した。

21　盲老人ホームが被災者救済に活躍

六甲山の麓《ふもと》・六甲ケーブル下駅の近くに、養護盲老人ホーム「千山荘」がある。神戸市内でただ一つの定員五〇人の施設である。

阪神大震災は障害者にとっても深刻であった。車いすなどの身体障害や盲の人は動けない。千山荘は、ショートステイ利用者の名簿や視覚障害者福祉協会からの連絡で空き室を利用したりホームの敷地内に緊急仮設住宅を建て、市内全域から五〇人ほどの被災者を受け入れた。ホームには米など食料の備蓄、プロパンガスなどがあった。避難所や半壊の自宅で生活できなかった盲の人たちの救済拠点の役割を果たした。

震災から一二年経て日常にもどった千山荘で、二〇〇七（平成一九）年一月、鷲尾邦夫施設長も交えて二〇人ほどの入居者と懇談した。

入居時は勝手がわからず生傷が絶えなかったが、いまはからだが覚えていて、トイレも入浴も洗濯も一人でできる。「住み慣れた環境が一番です」と、皆さんがいわれる。朝食前などには施設敷地内の遊歩道の手すりを伝って、地蔵さんにお参りする。なかには一人でバスに乗って市場へ買い物に行く人もいる。街の匂い、音、人の声、店の出す音、歩数などをたよりに動く。慣れた街だとカンが戻ってくるという。千山荘の入居者で三味線コンクールで優勝した西脇ナツ子さん（九一歳）が演じてみせてくださった。

一方、このホームは建物も職員にも満足しているが、市街地から離れていて外出するのが難しい。このままここにいるか、街にもどるか迷っている、という人もいた。もし街の中に盲老人ホームがあれば、そこを拠点に入居者の行動範囲がもっとひろがり、地域の人たちとの交流が増え、自立性も高まる可能性は大きいだろう。

年をとれば、だれでも視力が衰える。足腰も弱り、歩行が困難になってくる。年をとることは障害者の仲間入りをすることでもある。各種障害者施設が街の各所に存在すれば、災害時の救済拠点としてだけでなく、周辺住民との交流などを通じてすべての者に心の豊かさを育てる、住みやすい街になる。それこそはノーマライゼーションの神髄といえよう。

毎朝敷地内の地蔵参りをする千山荘の入居者

入居者西脇ナツ子さんの三味線を聴く。立っているのは鷲尾施設長

千山荘入居者の経験や要望を高齢社会の課題として受け止めると、まちづくりも新しい視点から取り組むことができる。「街を福祉の目で見る」ことの必要性・重要性を示している。

22　施設を出てまちで暮らす

障害を持つ人たちの脱施設の意義が強調されているが、良質の住居と生活支援態勢がなければ困難である。政府の対応は一向にすすむ気配を見せないが、真剣に取り組んでいる施設や支援している自治体もある。

一九六八（昭和四三）年、北海道伊達市は全国に先駆けて「道立太陽の園」という定員四〇〇人の大規模精神薄弱者総合援護施設を設立した。だが一九七三（昭和四八）年、小林繁市所長は「障害のある人も町の中の普通の家に住み、仕事を持ち、地域に溶け込んで暮らせるように」伊達市地域生活支援センターを設立した。まちの中の家を借りあげ、グループホームやアパートとして四〇八人が住み、その約八〇％の三三一人は働き、一五一人は一般企業に雇用されている（二〇〇六年）。まち全体が障害者とともに存在し地域生活と暮らしを支えている脱施設の先駆的とりくみである。

私は、同支援センターの地域支援課長・佐々木典子さんの案内で五度、地域と住居を見せてい

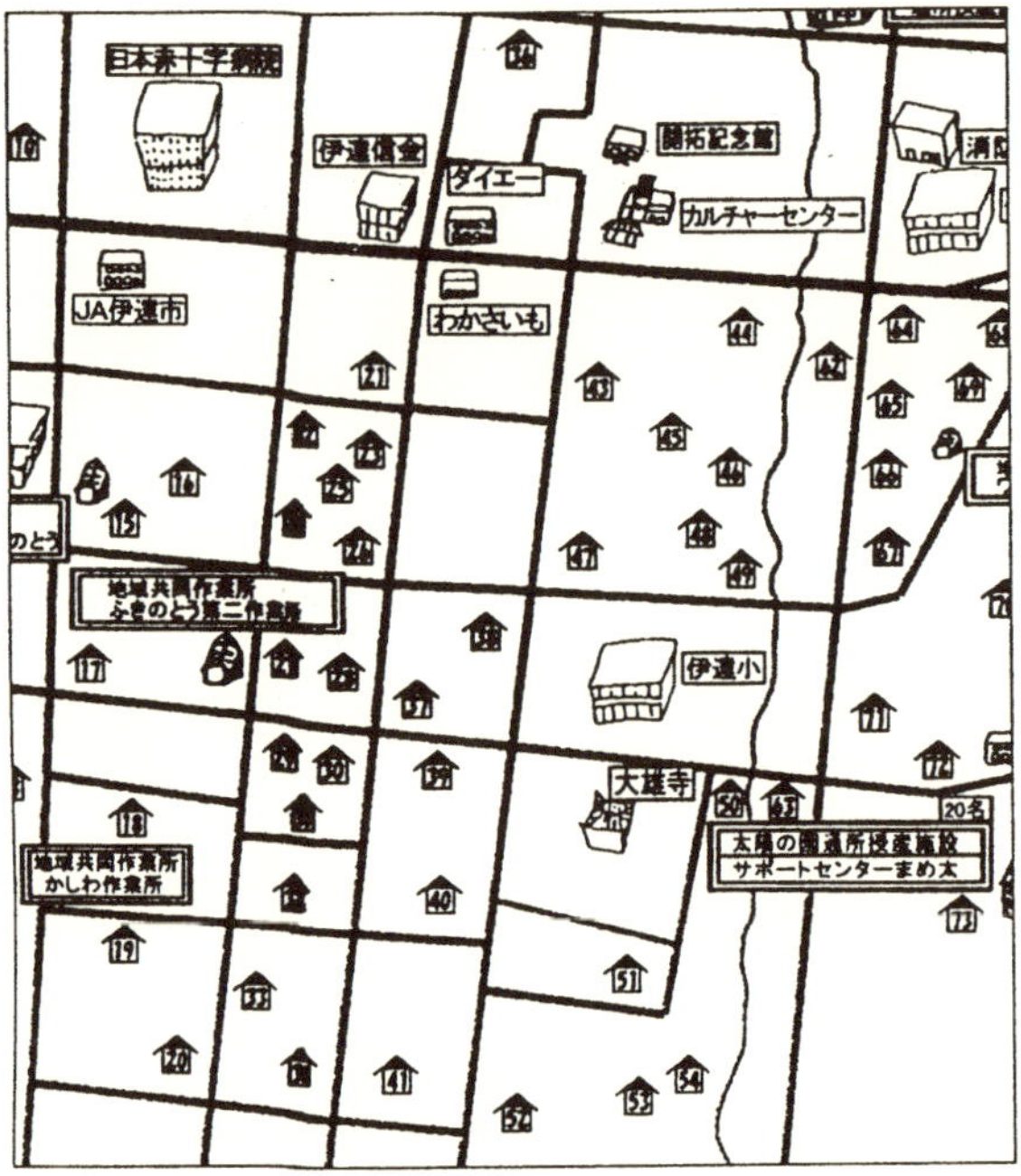

図18　伊達市地域生活支援住居の一部（⌂が支援センターの地域住居）

表7　伊達市地域生活支援住宅数と入居者数

グループホーム（国制度）		37	197
ケア付きホーム（無認可）		1	5
民間ホーム		2	5
アパート・借家（単身・結婚）		52	69
家　　庭		—	55
通勤寮	旭　寮	—	20
	生活実習ホーム	(3)	(4)
太陽の園	サテライト	5	35
	生活実習	6	22
合　　計		103カ所	408人

（2006年4月1日現在）

伊達市地域生活支援センター

ただいた。北海道の家は一般にしっかりつくられている。窓はすべて二重ガラス。雪、風、気温など気候が厳しいからである。どの家も一般の民家と混ざっていて、案内されなければ支援センターの住居とわかるものは一軒もない。一〇八人の地域支援スタッフがいて、食事の提供、健康の把握、金銭管理、住宅の維持、相談ごと、買い物、通院支援など日常生活を支えている。

　このような障害者の地域居住を支える民家はどのようにして確保できたのか。民間住宅の入手は不動産屋をつうじてが一般的であるという。グループホームのうち二九カ所は伊達市長が家主と直接契約した。二〇〇六（平成一八）年四月からは、法人の北海道社会福祉事業団が事業者となり、支援センターの小林所長が契約者となっている。また、アパートの契約は本人だが、これも小林所長が連帯保証人になっている。いずれの場合も公的な保証人のいることが安心して貸してくれる背景と考えられる。一般に高齢者や障害者に不動産業者は家を貸したがらない。しかし、まちの首長が保証人になるなら不動産業者も安心して賃貸契約をむすぶ。

政府や自治体はこれまで福祉施設建築という箱ものつくりに熱心で、居住保障には不熱心であった。多額の予算を必要とする箱もの建築の前に首長が保証人になる覚悟があれば、住居は確保できる。伊達市地域生活支援センターの活動は新しい居住福祉行政の可能性を示すひとつの例であり、既存居住資源の福祉化といえる。

五、商店街を居住福祉空間にする

熊本市・将軍通り商店街の「まちの駅」

23　子どもを見守る商店街

阪急電鉄神戸線「春日野道」駅の北側に東西一〇〇メートルほどの大日六《だいにちろく》(丁目)商店街がある。一九九五(平成七)年の阪神大震災の後空地がたくさんできた。この空地を利用して大日六商店街の徒歩圏内に食料品専門のスーパー四つ、コンビニ七つ、ピザなどクイックデリバリーの店ができて、同商店街は商業的に存亡の危機に立たされた。その中でどう生きのこるか。勉強会をかさね、「地域密着型商店街しかない」という結論に達した。

他方、震災の教訓をつなぐ「大日通周辺地区まちづくりを考える会」を結成、新しい取り組みが始まった。考える会、商店会両方の会長を兼ねる衣料店の主人・城戸秀則さんは小中学校の評議員をしている。地元の三つの小学校に呼びかけ、「総合学習」の一環として「町から学ぶ」というテーマで小学生たちが商店街に学習に来ることになった。販売体験を通じて買い物客の消費行動を観察したり、挨拶の仕方を身につけたり、豆腐づくりを体験するなどする。いまでは校区外からも児童が来る。

商店街沿いの空地二〇〇㎡や空き店舗を神戸市から借りうけて年間六〇数回のイベントを行う。児童が商店街に勉強に来ることで地域住民との接触、交流、子どもの見守り、声かけなどが自然

小学生による大日六《だいにちろく》商店街の人たちへのお礼の行事

に生まれた。行政がひろばや空き店舗を提供し、日常的に子どもと交流できたから、と城戸さんはいう。そのほか、月一回の柳筋診療所、年四回の逓信病院による無料健康診断、毎日一二時半から一四時半まで臨時郵便局が開設され住民の便宜を図るなど、多様なとりくみが商店街再生への予期せぬ効果を生んでいる。

各児童が三〇〇円を持ってきて買い物をする「購入体験」は食べ物を選ぶ「食育」の役割を果たし、店の人に教えられながらの「販売体験」では買い物客の消費行動を観察したり挨拶の仕方を身につける。

年末、この広場で児童による商店街の人たちへのお礼のイベントが開かれ、私も顔をだした。ひろばは満員である。大きな紙に絵を描いて物語りを語っている。踊りなどを見せている。

「店を手伝ってどうだった？」と私は一人の男の子に聞いてみた。「ものが売れたとき、うれしかった」と答えた。

商店街にミニ機関車を走らせ、幼稚園児一四〇人ほどが乗る行事も年一回行われ、好評である。これも幼児がまちに出る機会になっている。「日常的な子どもとの交流が大切なのです」と城戸さんはいう。

児童の通学している神戸市立春日野小学校・山口かつみ校長は「親は忙しい。まちには人材が豊富です。安全で心温かい大人の知り合いをたくさんつくり

母親と一緒に商店街に来る

たい」、「店の人は子どもが好きだし、同じ小学校を出ている人も多い。世代間の交流ができます」と、商店街と学校との交流に積極的である。子どもたちを犯罪から守るために監視カメラやガードマンなどの設置がひろがっているが、子どもと地域の住民が顔見知りになることによる地域の防犯力・教育力・福祉力の回復にもっと眼を向けるべきであろう。前章に紹介した愛知や遠野もその例である。

商店街は物品販売だけの役割を果たしてきたのではない。近在の人びととのコミュニケーション・情報交換の場、祭りなど諸行事の発信源、防犯など居住福祉の要になっている場合が多い。大日六商店街の実践はその貴重な試みである。全国各地で行われている商店街の活性化努力に「がんばれ！」とエールを送りたい。

24　高齢者が買い物に来やすい商店街〝まちの駅〟

熊本市内の中心商店街・将軍通りには「まちの駅・県内特産品直売所・ふるさとショップ」という大きな看板を掲げた店がある。主催は熊本県商工会議所青年部連合会である。昼間の人通りの少ない商店街でここだけが、人だかりしている。年配の女性が多い。

「道の駅」は有名であるが、「まちの駅」（一七一頁の写真参照）という言葉には初めて出あった(注)。

「道の駅」がそうであるように、将軍通りの「まちの駅」では、県内の名産や地元で採れた生鮮野菜、漁獲物、パン、おにぎり、すし、総菜、味噌、醤油、果物などの食品、その他が並んでいる。甘酒饅頭、団子、炊き込み弁当は主婦がつくる。空き店舗対策でもある。二階は「縁側事業」と称する地域の会議室になっている。

値段が安いこと、地元産というのが魅力なのであろう。客からは、障害者の使えるトイレをつくってほしい、という要望があるそうだ。それと、お年寄りが買い物に行って困るのは、トイレもそうだが、もう一つは買った品物をどのように持ち帰るかである。重い、かさ高い商品、冷凍食品などは、年寄りでなくても困る。

地元の肥後タクシーは、「まちの駅」店のほぼ向かい、商店街の中ほどにタクシーステーションを

熊本市・将軍通り商店街の中の肥後タクシーステーション

かまえている。ここにはカート(手押し車)がたくさん置いてあり、自由に使える。買った品物をここまで押して運んでくると、夕方四時にタクシーが何軒かを回りながら自宅まで運んでくれる。冷凍・冷蔵食品は配達時間まで冷蔵・冷凍庫で保管している。配達費一件三〇〇円の料金のうち一〇〇円は商店街が補助する。病院に行って買い物に立ち寄り配送を依頼するお年寄りもいる。タクシーステーションは買い物客の休憩室にもなっている。タクシー会社の女性事務員がお茶をふるまってくれる。私も「まちの駅」で買った手づくりのおにぎりを、お茶のサービスを受けながらここで食べた。車いすの人などには福祉タクシーを呼んでくれる。

買っても買わなくても商店街をのぞき歩くウインドウショッピングは気晴らしになる。友人とお喋りしながら歩くと楽しいし、健康にも良い。「まちの駅」での地産地消の食品販売や、将軍通り商店街のお年寄りをまちに誘い出す工夫は、福祉への目配りであり知恵であると見るべきだろう。

(注)「まちの駅」という名称は「NPO地域交流センター」(代表理事・田中英治)が「道の駅」に次いで一九九八(平成一〇)年に立ちあげ、だれでもトイレが利用でき無料で休息できる、などの役割を果たしている。二〇〇七(平成一九)年現在全国に九〇〇カ所以上登録されている。将軍通り商店街の「まちの駅」は協力関係にある。

25　食の安全はまちづくりから

厚生省『人口動態統計』によると、死亡原因に占めるガンの割合は二八・七％だが、五〇歳代は四三・一％、六〇歳代は四九・一％（二〇一五年度）。半数近くがガンで亡くなっていることになる。

原因は何だろうか。食生活の変化、ストレス、喫煙、大気と海洋の環境汚染、電磁波、その他いろいろあるのだろうが、食生活における加工食品や食物への添加物も影響があるのではないだろうか。国内農産物の残留農薬、小麦、オレンジ、バナナ、中国食品など輸入農産物の害も深刻である。

大型スーパーやコンビニの商品は一般に大量生産・大量流通・長時間保存のため添加剤は不可避となる。サンドイッチ、総菜などの添加物表示の多さには

能登輪島朝市の片隅で野菜を売る地元の人たち

驚かされる。

専門家によれば添加物の数は実際はもっと多いという（たとえば安部司『食品の裏側』東洋経済新報社、二〇〇五年）。個々の添加物は国が認可しているが、その「複合摂取」の安全性については確認されていない。

生活習慣による影響の研究は大切と思われるが、食材そのものの安全性は一層問われるべきであろう。食品の生産・加工・流通過程が消費者の目に触れなくなっている。

安全な食料は、地元の新鮮な農産魚介物を生産者と小売店が直結・協力してつくり消費者の手にわたるシステムが必要である。市場や小売店にはその可能性がある。後述する尼崎田能地区の農民と住民・子どもらの提携による野菜や花づくりもそのひとつである。

駅構内で炊きたてのおにぎりを売る。女性客が多い。ＪＲ金沢駅

また小売店はたいてい家族労働で、町に住む生活者の一員であり、生業であり、住民が安心して町に住み続けることを支えている。全国に存在する市場や産地直送の小売店を守っていく課題がいま市民の前によこたわっている。最近はそういうことに気づいた大型店が店内の一部を市場もどきにして「地産地消」を演出したり、ご飯を炊いておにぎりを販売したりしている。

また深刻なのは、大型店舗が営業不振などで撤退する場合である。大型スーパーなどの進出は、大量・廉価販売で小売店はつぶされている場合が多いから、その撤去は住民の暮らしをなりたたなくする。

日常の市民の暮らしを支える商業施設は、病院、診療所、幼稚園、保育所、小中学校、郵便局、交番、各種福祉関連施設などと同じ社会的存在であり、公共・公益施設の性格を有している。その立地と経営には社会的責務が存在する。各種商店の進出にも厳しい責任が求められる。

六、生活・福祉施設は防災資源

老人には快適な避難所となった輪島市立くしひ保育所育児室

人びとの日常の暮らしや地域社会に寄与している公民館、保育所、老人ホーム、ホテル等々の公共・公益・福祉施設、鎮守や寺院、その他の「居住福祉資源」が、震災時の被災者の避難、救済、復興等に予想外の大きな役割を果たしていることが、能登半島沖地震、新潟県中越大地震、同中越沖地震、鳥取県西部地震等々を通じて明らかになっている。日常の市民の生活・環境・福祉行政が防災の基本的条件であることは拙著『居住福祉』(岩波新書、一九九七年)でも縷々《るる》述べたことだが、その後の被災地調査を通じて一層明確になってきている。

たとえば、石川県輪島市門前町の公共・公益・福祉施設は震災時の被災者救済に大きな貢献をした。阪神・淡路大震災では、地震による直接の犠牲者五五〇〇人余の他に、暖房を禁じられた学校の体育館や講堂等の避難所で九〇〇人以上(さらに仮設住宅で二五〇人以上、復興公営住宅で二五〇人以上、計一五〇〇人以上、二〇〇八年一月現在)が病死・孤独死・自殺などの「災害関連死」として亡くなった。新潟県中越地震では、死者六七人のうち五一人が災害関連死であった。

二〇〇七(平成一九)年三月二五日、能登半島でマグニチュード六・九の大地震が起きた。震源地の輪島市門前町は震度6強の最大の被災地となり、石川県内全壊住宅六八二棟のうち輪島市は五一三棟、そのうち門前町は三三八棟を占めた。だが門前町では、地震による直接の死者、避難所等での災害関連死者は一人も出なかった。その背景には、被災者の避難・救済に際しての種々の公共関連施設の貢献があった。

26　日常の公民館活動が被災者救済に活躍

門前町の八つの集落には、それぞれ公民館がある。二〇〇七（平成一九）年八月と一一月、二回にわたり公民館のすべて八カ所を訪ねて震災時における避難の模様を調査した。公民館には非常勤の館長と常勤の主事がいる（二〇〇七年一一月現在五カ所、〇八年中にはすべてに）。各公民館には二〇畳前後の和室が二～四室つらなっている。そこに多くの被災者が避難した。

どの公民館も日常的に血圧測定などの健康診断、転倒予防教室、敬老会、食事会、高齢者グラウンドゴルフ、パソコン教室、カラオケ教室、また生活支援センターなどとして利用されている。いずれにもひろい厨房と調理器具、食器があり、ふだんから近在の人が集まって食事をとりながら歓談・交流し、さらに地域の高齢者に配食サービスをしていた。避難時もこの厨房で炊事ができ食事をすることができた。

このような日常の活動によって、地域住民の公民館への関心と認知度は高く、災害時にはまず公民館へと自然に集まった。公民館は、小学校の体育館などとちがって天井が低く、快適な和室、やわらかい布団、什器のそろった厨房、快適なトイレや浴室があり、電気がきていたので暖がとれた。

輪島市門前町・阿岸公民館

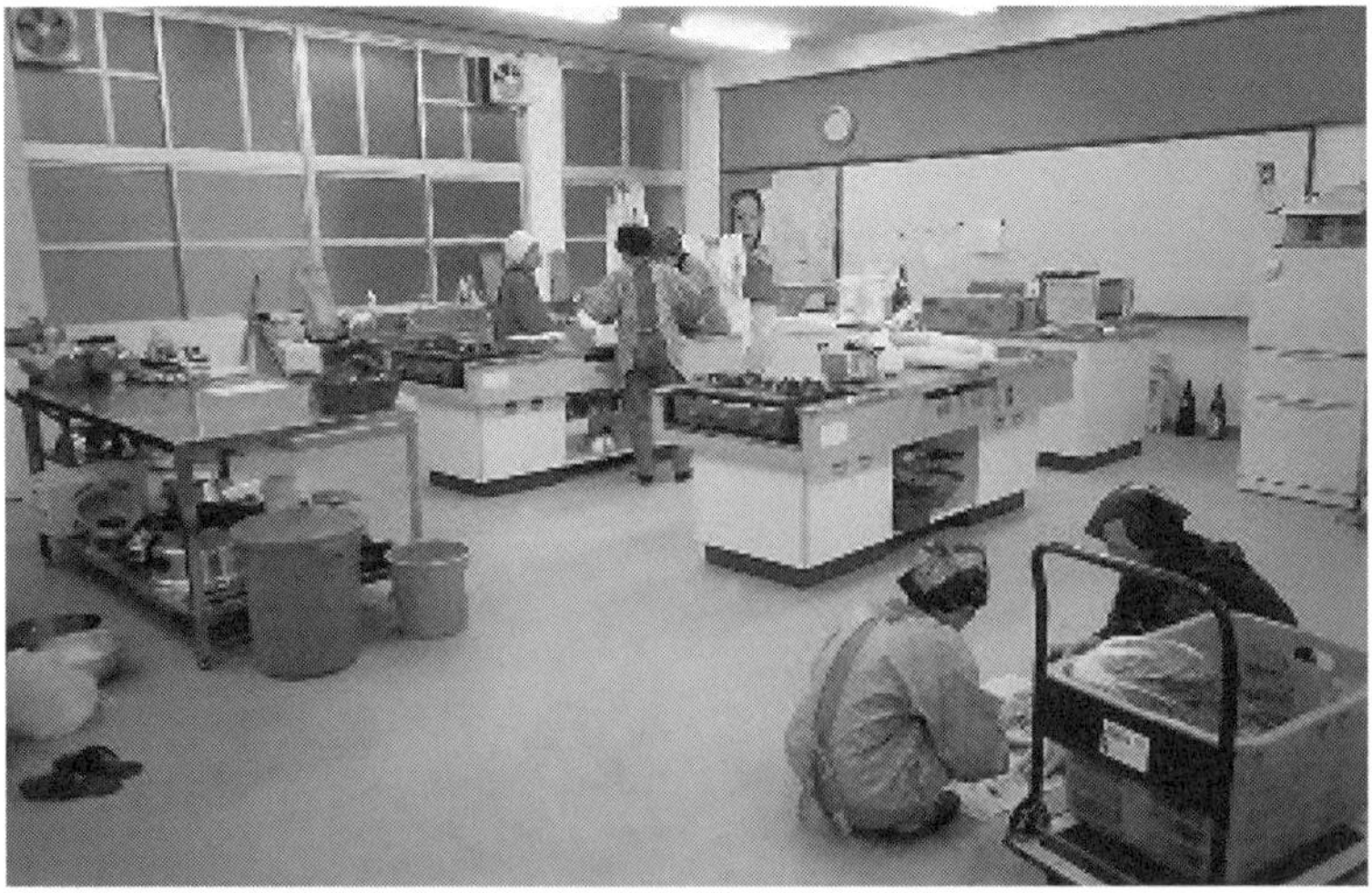

同公民館の厨房。ここで避難者の食事がつくられた

津島公民館入り口（輪島市門前町）

諸岡公民館に避難した人たち（輪島市門前総合支所提供）

門前の公民館が被災者救済に貢献した背景には、これらの量・質にわたる良好な居住性と、日常的利用による認知度の高さがあった、と考えられる。

門前町の高齢化率は四七・七％で、自立できない人がいる。地域の福祉関係者、民生委員、健康推進員は福祉マップをつくって日ごろから見まわり、居住者の特性を書き記していた。震災時にその人たちが担当の区域に入り、高齢者などを公民館に連れてきたことも被災者の避難に寄与した。地域によっては今なお見られる、狭くて設備も不十分な上、冠婚葬祭、集落の寄り合い、その他の非日常的利用のために管理者にいちいち鍵を借りにいくような公民館では住民の認知度が低く、このような役割を果たせなかったのではないか、と思う。

人口の過疎化が進む中山間地域や地方都市では、以前は小学校が地区センターの役割を果たしていたが、統廃合の増えた現在では公民館が地域のコアとしての位置を占めている。門前町では、館長の方針によっては九〜一七時の間、鍵をかけない公民館もある。住民によって支えられているからであろう。公民館の地域に密着した日常的利用が、災害時に防災拠点・防災資源として活躍した、といえる。

27　快適な避難所、老人ホーム・保育所

門前町の特別養護老人ホーム〝あかがみ〟は入居定員八五人、ショートステイ（短期滞在）二〇人、デイ（通所）サービス一五人などを有する施設である。震災の日、デイサービス、ショートステイに来ていた一五人は家に帰れない。さらに役場などの要請で外からの被災者一四人、併せて二九人を収容した。ホーム入居待機者は三二名いたが、被災者を優先的に入れてほしい、という役場の要請に対応した。最初の三日間は入居者全員を広い食堂に集めたが、感染症への配慮や部屋にもどりたいという要望からすべて自室にもどした。幸い、部屋が広いので個室を二人、四人部屋を五人で利用できた。部屋が狭ければ、こうはできなかった。

被災者の収容に際しては別枠で補助があり、滞在期間三～八カ月間の利用料は無料であった。デイサービスは一週間休み、職員の五～六人は役所の要請をうけて外での被災者救済活動を応援した。困ったのは、初めての人である。ショートステイやデイサービスに来ていた老人は心身の状態がわかっていて対応しやすいが、被災して初めてホームに来た老人は、からだの状態や認知症の程度などがわからない。家族も居なかったり連絡がとれなかったりで、聞けない。日常的なホームの高齢者の定期検診などが行われておればこのような不便は生じなかった。輪島市内には

他に〝ゆきわりそう〟、〝みやび〟(ユニットケア)、〝百寿園〟〝あての木〟など計五つの特養(特別養護老人ホーム)がある。それぞれ経過はちがうが、被災者の救済に貢献した。

特養〝あかがみ〟の介護主任・小林育洋さんは、「こんなふうに避難所として利用することになるとは思ってもみなかった」といわれた。おそらくそうであろう。だが、老人ホームはもともと高齢者が生きることを支える施設であるから、災害時に生命と暮らしを守る施設としての役割を果たすことはその延長線上にあり必然性があった。このことは阪神大震災でも同じであった。高齢者の避難施設としての生命を守る役割の他、老人ホームは一般にデイサービスを併設していることが多いので、名簿を頼りに通所介護者の家庭を回り、施設への避難者と同じサービスを施した。老人ホームはあたかも被災者救済拠点の役割を果たした。だが最大の被災地神戸市の老人ホームの数は震災時、一二の政令指定都市の中で最低の水準で、かつそのほとんどは開発行政の一環として六甲山中にあり、高齢被災者を救えなかった。これは障害者施設についても同じであった(前掲早川『居住福祉』参照)。

門前町の〝くしひ保育所〟も輪島市立である。園児七三人、保育士九人、給食係二名、計一一人の職員がいる(二〇〇七年現在)。震災時、約一〇〇人の被災者がここに避難した。地域の住民は孫の送迎などに来ていて保育所はよく知っており、避難者同士も顔見知りなので居心地は良かった。各地区ごとに二〇数人ずつ四つの部屋に分かれて宿泊した。大きな避難所では知らない人がまわりにいてストレスが発生し体調を崩した人がいたが、ここではそういうことがまったくなかった。

〇～一歳児は這ったり裸足で動くので保育室は床暖房になっており、高齢者には快適な住み心地であった。他の二室も救援本部に申請して電気カーペットを敷いた。保育士はふだんから幼児に優しく話しかける習慣がついているのでお年寄りにも同じ態度で接し、話を聞いてあげるなどしてきわめて好評であった。

中村洋子所長は「お年寄りにとって

中村洋子・くしひ保育所所長

は最高だったのではないか」といわれたが、おそらくそうだったであろう。また、弁当を暖める設備があったので、配給された弁当はここで暖めて提供した。おしぼりを暖めて拭いてあげて、お年寄りに「ほっとした」といわれた。

この保育所は市立であった。そのことが、避難所と災害対策本部相互の連絡を容易で密にし、被害状況が伝えられた。地震の三日後の三月二八日、園児の修了式には避難者も出席し、園児、避難者双方にとって思い出深い行事となった。門前町には他に、松風台保育所がある。ピーク時四〇人が避難したが、一週間で出ていくことができた。

28　公共ホテル・国民宿舎の貢献

能登・門前ファミリーイン〝ビューサンセット〟は設立当初は市立のホテルであった。現在は指定管理者制度による財団法人になっているが、市長が理事長を務めており、市営ホテルとしての性格はのこっている。能登半島国定公園に位置し、日本海に沈む夕陽が一望できる大浴場と展望台のある風光明媚なリゾートホテルである。大浴場の温泉は市民にも開放されており入浴料を払えば日常的に利用できる。

震災時、小学校に避難していた被災者が始業式が始まる前に、また保育所の新学期開始などか

ホテル・ビューサンセット

国民宿舎・能登つるぎぢ荘

ら四〇人ほどがこのホテルに移住してきた。高齢者が多かった。家族単位ごとの部屋への入居はプライバシーをはじめ居住性が確保でき、小学校の避難所に比べて最高の居住条件となった。

震災後、外からの観光客はすべて断り、地震のあった三月二五日から五月三一日までホテルは休館した。展望大浴場は、地元の人たちに無料開放された。

ホテル経営者は、このようなことは民間では不可能だろう、と次のようにいわれる。

①予約も含めて長期にわたり観光客を断る、などということは経営上できない。

②家族が長期に客室を利用すると部屋が汚れる。事後の対応が大変である。

③料金が入るわけでない。市の関与したホテルだから可能であった。財政上の補填は開発公社が行った。

旧門前町営・国民宿舎「能登つるぎぢ荘」はいまも市営で、同様の対応をした。一九室、九七人収容できる。もうひとつの国民宿舎は閉鎖され、ここだけのこっていた。震災時四〇人が避難し、一部屋ほぼ三人ずつ一五室を使った。断水したがここには給水タンクがあり、プロパンガスが使えた。地区の婦人会の人たちが手伝ってくれた。小学校の体育館で〝ノロウイルス〟が発生し、避難者は看護師二〜三人と一緒に移住してきた。避難者が帰り出してからは、復興工事の担当者二〇人ほどが一〇日前後宿泊した。全員無料であった。費用は公社に請求した。これも市が負担した。

29　平常心是道——仏の道は平常心にあり

以上の経験には二つの教訓が含まれている。

①日常の生活・福祉施設が緊急時には防災資源となる

輪島市門前町での避難施設の内訳は、公民館八、会館・集会所五、老人ホーム五、宿泊施設二、保育所二、小学校一、保健センター一、児童館一であった。小学校以外のほとんどの施設での避難室は和室や個室で、厨房、洋風トイレなどが整備され、老人ホーム・保育所・ホテルなどは介護士、保育士、ホテルマン、周辺住民の協力などを得ることができて居住性の良い避難場所となった。行政は居住性の良くない小学校などからはなるべく早くこれらの施設に移すように努めた。そして、これらの施設には「避難所」という掲示のあるものもあるが、日常的には災害時の避難所としては考えられていないものが多かった。

まちの中に居住性の良い各種の生活環境施設、福祉施設等のネットワークの存在することが防災の基盤をつくっている、といえる。

②公共的性格の施設であったこと

門前町の避難所が被災者の収容や施設職員の外部支援など被災者救済に多面的な役割を果たした背景には、名目や経営主体が変わっても実質的には公的性格の施設ということがあった。それがストレスの少ない安心できる避難生活、救援対策本部との連絡・調整、施設職員の災害対策への協力要請への対応などを可能にした。もし私立であればこのようなスムーズな対応は困難であった、と考えられる。

現在、日本社会のあらゆる分野で民営化が進んでいる。指定管理者制度はもとより、民と官で担う「新しい公共」、ＮＰＯ、コミュニティビジネス等々、それらの役割もあろうが、門前町諸施設の公的性格が果たした潜在的防災力・福祉力としての役割をみるとき、公的施設の果たす防災に限らない多面的な役割の可能性に目を向けておくべきであろう。

（後記）本項の取材に当たっては、多くの人にお世話になりました。お礼申しあげます。本項は『共同通信』配信の連載記事（二〇〇五年六月から一五回）及び『福祉のひろば』（二〇〇六年四月～〇七年三月号の一二回）、『神戸新聞』（二〇〇七年一月～三月の一〇回）に加筆したものです。断わりのない写真はすべて著者によるものです。『共同通信』掲載記事の図に加筆、項目を補充したものです。掲載に際しては、工藤康次記者に、根津眞澄、奥原大樹氏にお世話になりました。

七、自然は居住福祉資源

昔の高砂海岸のにぎわい（高崎裕士氏提供）

30　都市農地を市民参加で守る

まちの中で見かける農地には様々の「公益機能」がある。食物の生産はむろん、緑地空間、貯水機能、水路、動植物の生息環境等々。また市民農園、援農ボランティア、子どもの農業体験などを通じて食農教育や環境教育の役割も果たしている。避難場所などの防災用地にもなる。

かつて公害の町として知られた尼崎市では、環境資源としての農地、田園風景、鎮守の森、集落、伝統行事などの自然・歴史・文化を「まちの宝」として価値づける市民活動がひろがっている。二〇〇五（平成一七）年度尼崎市の市民調査では九五％の人が「都市農地が必要」と答えているが、背景に市民の農業参加があることを現地を訪ねて知った。

中心になっている地元の農家で「自然と文化の森協会」初代会長の畑喜一郎さんから話を伺った。利水条件の悪い地元・田能地区の農地に適した作物は地域の特産物であった里芋だと考え、二〇〇一（平成一三）年に「里芋オーナー制度」を立ち上げた。さらに、里芋饅頭、里芋アイス、里芋音頭の創作、わら細工の実演などという手作りの「里芋収穫祭」も生まれ、地域住民との交流とコミュニティの活性化を促す、新しい生活文化がつくられた。里芋畑を中心とした人びとの結束が会の活動を発展させている。市民参加によって休耕田が農地としてよみがえった。

里芋を収穫する子どもたち（尼崎・自然と文化の森協会提供）

畑さんはまた「子どもの犯罪やいじめなど心の荒廃は、生命のある植物や昆虫にふだんから接してないからではないか。学校の外での実践体験によって学ぶことが大切と思う」といわれる。現地で調査を続ける山崎寿一神戸大学教授も「農的環境資源保全の構想ととりくみは、まちづくりの主体である市民とともに成長しています。農地を農家の個人資産から地域の環境資源と見る価値観への転換がすすんでいる」と、評価する。

人間は農業がなければ生きられない。動植物の生命を育み食糧を作る農地は、人間の生存環境であり、居住福祉の根源的資源でもある。

尼崎市の保護樹林六五本のうち農家の屋敷内の樹木が三五本を占める。のこりの多くは鎮守の森である。いずれも地域の居住福祉資源としても大切である。田能の農業公園では、知的障害者が牡丹、梅、花菖蒲つくりに参加している。農地を居住地の環境・教育・福祉資源として位置づける市民意識の一層の発展が望まれる。

農地は、災害時に果たす役割も大きい。

京都府向日町は、ふだんは農地として、災害時には緊急避難場所、仮設住宅用地などとする「防災協力農地登録制度」を一九九八(平成一〇)年に施行、二〇〇六(平成一八)年現在、一六三件の登録がある。

31　海岸線は生活空間

海辺に囲まれた日本には海をうたった歌が沢山ある。

「あした浜辺をさまよえば／昔のことぞしのばるる／風の音よ雲のさまよ／よする波もかいの色も」(林古渓)。

「われは海の子白波の／さわぐいそべの松原に／煙りたなびくとまやこそ／わがなつかしき住家なれ」(文部省唱歌)。

日本人にとって海浜は生活空間の一部である。兵庫県は日本海と瀬戸内海に挟まれ、島もある。瀬戸内海は国立公園に指定され、かつて海岸線は白砂青松に満ちていた。しかし、六〇年代の高度経済成長時代に多くは埋め立てられ、工業地帯に変わった。その結果、自然景観、生態系の維持や水の浄化機能、散策、海水浴、潮干狩り等々の生活空間としての役割は消滅し、産卵場、稚魚の育成、藻場、溶存酸素量の減少などで、水産資源を育てる条件も悪化した。海岸はたくさんの使用価値を持っている。埋め立て地にプールの作られることがあるが、自然海岸はただ泳ぐだけの存在ではないのである。

漁民の損失は漁業補償によって償われるかもしれないが、市民の生活空間としての価値は補償されていない。日本社会には国土を居住福祉資源として評価する能力が欠けているのである。

壊された海岸線の回復は、暮らしの中で浜辺を利用・管理してきた住民と漁民、そして自治体が中心にならねば実現しない。一九七五（昭和五〇）年、兵庫県高砂市で「入浜権宣言」が採択された。「海は万人の生活空間であり、浜に入る権利がある」と主張してひろく世論に訴え、共感を得た。兵庫県は、一九八六（昭和六一）年の明石海峡大橋の起工式に合わせて海岸を埋め立て、いくつかの砂浜を復元した。風光明媚な明石海峡に面した「大蔵海岸」は一・六㎞、「舞子の浜」は八〇〇mの美しい砂浜がよみがえった。晴れた日には親子づれなどが遊びに興じ、夏休みは海水浴客であふれる。

だが、自然の摂理にはかなわない。人工海浜には海草も貝殻も見られない。砂浜の下には石が敷きつめられ、潮干狩りはできない。二〇〇一（平成一三）年には砂浜が陥没し、一人の少女が亡くなった。人工の砂浜は非常に不安定である。自然海岸がいかに貴重な存在であるかがわかる。『古

昔の高砂海岸（高崎裕士氏提供）

陥没事件を起こした人工海浜の明石海岸

今集』にも登場し婚礼の祝儀で謡われる「高砂」の海岸は工業用地として埋め立てられた。その後海浜が修復されていまは「あらい浜風公園」として開放されたが、海岸線は防波堤とテトラポットで遮られ、浜も「白砂青松」の面影はない。これ以上、海浜を壊すことはやめなければならない。

八、「居住福祉」は「安居楽業」

木造復興公営住宅が被災者の帰村を可能にした（長岡市山古志村）

32 住居は労働の基地

年末、「神戸の冬を支える会」は神戸市役所そばの「東遊園地」でホームレスのための給食サービスや生活相談にのっている。阪神大震災で家と仕事を失いその後ホームレスになった人が多い。私もテント小屋の中で野宿者の話を聞かせてもらった。

Fさん(四七歳)は、震災まで店員やガードマンをしていた。地震で兵庫区のアパートが全壊し兄の家に一年半ほど居候した後、県営住宅に入った。アパートは都心の三宮から地下鉄で三〇分ほどの西神中央駅からさらにバスで二〇分ほど走った山の中にある。

一人暮らしのFさんは『島流し』にあってるみたい」という。「私は自分の人生をやり直したい。どこでもよいから働きたい。だが、日雇いに行こうにも朝五時にはバスも電車もない。街なかの民間アパートの一室でもよい、便利な場所だったら働けるが、民間借家の家賃は高くて払えません。公営住宅間の移動も認めてもらえません」。

Nさんも西区の山の中の復興公営住宅に住んでいた。しかしFさん同様、毎朝早く起きて都心まで仕事探しに通えない。「仕事を得るために簡易宿泊所暮らしを続けているうちに、家族とは疎遠になり、別れました。いまは路上生活です」。

年末に給食に並ぶホームレスの人たち（神戸市「東遊園地」）

山の中の復興公営住宅（神戸市）

住居は単なるネグラではない。仕事に通い労働の疲れを癒す、生きるための根拠地である。復興公営住宅が大量に建てられたのはよいが、住居は労働の基盤、暮らしはコミュニティによって支えられる、という認識が行政には希薄であった。そのために様々な歪みが生じ、被災者の生活再建を阻んでいる。

とりわけ長年住んできたまちから切り離された一人暮らし老人の孤独死や自殺が絶えない（復興公営住宅ですでに二五〇人以上が独居死・自殺している（一八二頁））。

いまさら居住者を町の中にもどすことが困難というのであれば、団地の集会所や地域の公民館などに高齢者なども働ける新しいタイプの共同作業所を設けたらどうか。弁当を出し、適切な賃金を払う。閉じ込もりがちな高齢者が部屋から出る動機、安否確認にもなる。作業で手を動かし、友達ができ、お喋り、小遣いを得ることで、生き甲斐が生まれる。孤独死も防げる。こういうことに行政や企業は資金や仕事を出したらどうか。中高年ワーキングプアの解消につながる。

行政はひろく呼びかけ、協力企業の名を市の広報紙などに載せてPRするのである。アメリカで盛んである（早川和男『人は住むためにいかに闘ってきたか』東信堂、二〇〇五年参照）。それが学生の就職先選択の基準になったりしている。

被災者を山の中の復興公営住宅に閉じ込めて孤独死や自殺を招いている現状を見るとき、入居者の「生きる権利の保障」は「働く権利の保障」でもあることがわかる。このまま被災者の孤独死を見過ごすことは、政府・自治体の重大な責任であり、「不作為の犯罪」とさえいえる。一般的な高齢者ワーキングプア対策とは別の次元で、災害復興事業の一環としてとりくまれるべきであろう。

紀元前二世紀の中国に「安居楽業」という故事があった。安心して生活し仕事を楽しむことは人生と政治の根幹という考えである。住み働くことの保障はその基礎である。住宅政策はネグラをつくればよいのではないのである。

33　入居者も働く中国の老人ホーム

中国・大連の老人ホームを訪ねて驚いた。入居者が働いている。ボランティアではない。給料をもらったり入居費を半額にしてもらうなど報酬を受けている。

元助産婦のAさんは七九歳。受付け、新しい入居者への説明、訪問客の案内、手紙の配分、電話の取りつぎなどを担当。元看護婦長のBさんは七二歳。老人は様々の悩みを持っているので経験を生かしてカウンセリングを担当。全聾《ろう》の老男性は毎日、台所で食材づくりを手伝っている。みんな背筋がしゃんとし生き生きと働いている。

革鎮堡・老年公寓（中国の有料老人ホームの一種）の王玉秋院長（女性）は「手厚いケアをするほど老

人はぼけます」という。もちろん、この施設にも虚弱・痴呆老人がいて介護されているが、働く意欲のある人は経験を生かした職に就いて報酬を得ている。

これを見て福祉とは何か、を考えさせられた。西欧型福祉はケアする者とされる者がはっきり分かれている。キリスト教的慈善の精神に根差すものなのであろう。だが、中国では両者の区分は暖昧なのである。

老人ホームで働く高齢者たちは前項で述べた安居楽業の実践者というべきであろう。長い人生を生きてきた高齢者に蓄積された能力を活性化させることは高齢者福祉の重要な課題である。日本でも入居者の趣味など（疑似労働）に力をいれている老人ホームは少なくない。刺しゅう、工作、生け花、お茶、書画、園芸、歌唱その他各自の趣味を生かした作業が行われ楽しい時間を過ごしている。だが、中国のホームは一歩進んでいるように思う。

老人ホームに限った話ではない。町の中に一人暮らし老人が増え、孤独死も少なくない。前項の復興公営住宅に限らず団地の集会所や地域の公民館、デイサービスセンター、老人ホームなどで高齢者に仕事を提供することも、高齢者居住の一環としてとりくんだらどうか。これもノーマライゼーションの一形態である。

農村部であれば、無農薬の野菜や果物、花づくりを手伝ってもらうのも一つの方法である。山寺の住職だった私の叔父の妻は二〇〇七（平成一九）年暮れに九〇歳で亡くなったが、この数年認

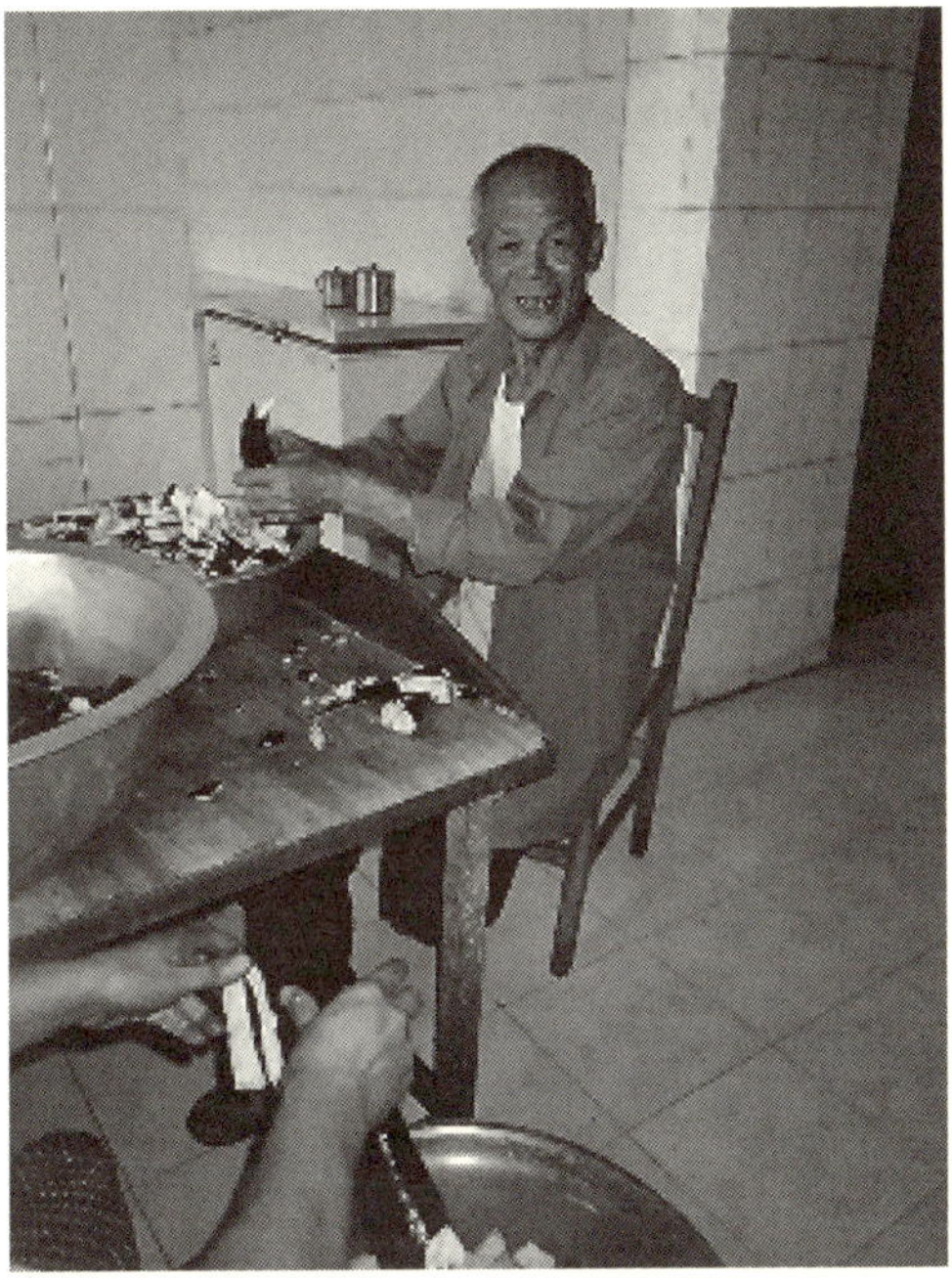

中国・大連の老人ホームで働く入居者

同上老人ホーム

知症状が見られるというのでホームに入った。近くに市民農園ができ、あれこれかまって口出ししているうちにすっかり頼りにされ元気になった。久しぶりの見舞いでその回復ぶりに驚いた。やりがいや生きがいを提供する居場所を身近に用意することは有意義である。ちなみにこの寺は茶の産地として知られる旧奈良県田原村にあり、河瀬直美監督の映画「殯《もがり》の森」の舞台となった。登場する僧侶は私の従兄弟である。

高齢者「福祉」とは単なるケアでなく、その人が生きること、働くこと、要は人間としての尊厳を基礎に置くことである。中国の老人ホームはそのことを考えさせてくれた。

34 実現した〝帰ろう山古志へ〟

震災直後から長島忠美・村長(当時)は「帰ろう、山古志へ」をスローガンにかかげた。地震直後、現地でそれを直接耳にした私は、理想を語り村民を勇気づけているぐらいにしか考えていなかった。だが二〇〇八(平成二〇)年一月、五度目の訪問でそれが実現しているのを知って感動した。旧山古志村の帰村者は、震災時の六九〇世帯のうち四五九世帯、帰村率六七%。人数では二一六七人のうち一三四六人、六二%で、帰村希望者のほぼ全員(二〇〇七年一二月三一日現在)。最後は旧村民の七割まで帰村の予定という。

帰村を可能にした背景は二つあった。

第一は、農地と養鯉池を中心とした労働の場の復旧である。棚田、養鯉池は一〇〇%近く復元し、山古志の人たちの収入源となっている。人は働かねば生きていけないが、労働は生活の糧を得る手段というだけでなく、生き甲斐につながる。後（二四〇頁）で紹介するように、山古志村仮設住宅の近くに農園のできたことは、仮設住宅居住者の仕事を復活させ、生きる勇気を呼び覚ます役割を果たしたのではないか。慣れ親しんだ労働の場を身近に持つことは生きる源泉なのだと思う。

第二は、住宅の復旧である。木造復興公営住宅・二戸二階建て（セミデタッチメントハウス）及びテラス式二階建て木造公営住宅一七戸が建設された。住宅再建は、高齢者にとって資金が融資されるといっても返せないし借りることもできない。自力で家を建てられない高齢村民が集落にもどれたのは公営住宅のおかげである。八四㎡の床面積は老夫婦あるいは一人暮らしにとっては十分の広さであろう。山古志村が合併された長岡市の公営住宅建設戸数は二〇〇七（平成一九）年末現在、一四団地二一六戸（山古志は一九戸）でまだ増える予定という。

鳥取西部地震の復興対策で当時の片山善博知事が、全壊世帯に三〇〇万円、半壊一五〇万円の住宅再建資金の補助（県、町、個人各三分の一、日野町は個人負担分も町が負担）を決断した（二〇〇〇年）。これも、「住宅が復旧のキーワードとわかったからだ」という（片山善博『住むことは生きること』居住福祉ブックレットNo.11、東信堂、二〇〇六年）。

九、公共・公益施設

鳥取県智頭郵便局の「ひまわりサービス」（朝日新聞社提供）

郵便局、交番、鉄道、駅、船などの公共・公益施設、交通・輸送機関も福祉資源として見直してみると、大きな役割を果たしていることがわかる。

35　無人駅に集う高齢者たち——鳥取県・八橋《やばせ》駅

鳥取県の山陰線・八橋駅のホームに降り立つと、目の前に瀟洒《しょうしゃ》な三角屋根の建物が目に入る。町がＪＲから無人駅舎を譲り受け、高齢者の憩いの場として改築した「ふれあいセンター」である。鉄道「駅」は地域社会の核として住民の認知度は抜群で、親しみがあり通いやすい。顔見知りの乗降客が声を掛けていく。高齢者がまちの日常生活にとけこみ社会から孤立していないところがよい。ほとんどが八〇〜九〇歳代。全員自分で歩いて通って来る。強い雨の日でも休むことはない。おやつを食べ、手芸品をつくり部屋にかざる。昼食は家が近いので食べに帰る人が多い。

二〇〇三(平成一五)年一月に初めてお訪ねし、その後計五、六回訪問している。「なんでこんなところに来られるのですか」とはじめは物好きさにけげんな面持ちであった人たちも、今はすっかり顔なじみになった。とりわけ世話好きの米田節子さんは九〇歳過ぎの今も毎日日記をつけ、すべて記憶されている。米田さんは家が近いので鍵を預かり毎朝開け閉めしている。自主管理である。みんな元気そうで生き生きしている。デイサービスには行かないのですか、と聞くと「ここは

山陰線無人駅「八橋駅」を改築した「ふれあいセンター」

くつろぐお年寄りたち、左端が米田節子さん

町の人ばかりで姉妹以上のつきあいです。すべてが自由で好きなことができる。ここにいると一年一年若くなる。自分でふろに入れなくなったら行く。それまではここがよい」と、めいめいが語る。

駅舎は列車の乗降場所というだけでなく、雨宿り、暖房、待ち合わせ、新聞や飲食物の購入、トイレや電話の利用など様々の役割を果たす居住福祉資源でもある。

それゆえ、地域社会で親しまれてきた駅舎は、閉鎖後も地域で生きつづけている。出雲大社（鳥取県大社町）の玄関口、旧ＪＲ大社駅は一九九〇（平成二）年三月末、大社線の廃止と同時に閉鎖された。廃線後、まちづくりに活用したいと町がＪＲから譲り受けた。駅舎は、のみの市や展覧会などの市民行事に使われている。縁結びの神で知られ

保存し市民に活用されている旧大社線・大社駅舎

る出雲大社にあやかって、町民グループが男女の出会いイベントを開催したこともある。神殿風の木造駅舎は、一九九七（平成九）年三月、県有形文化財に指定された。

岡山県旧片山鉄道・天瀬《あませ》駅はサイクリング道路のオアシスとして利用されている。鉄道路線が赤字を理由に次々と廃止され、駅舎は廃墟になったりとり壊されている。代替交通としてのバス停は標識一本ということが多い。駅舎は暮らしを支える居住福祉資源としての認識が必要である。

駅は心の故郷でもある。思い出の多い駅が近づくと、胸がいっぱいになる人もいるだろう。廃線になった北海道の旧天北線・松音知《まつねしり》駅を訪れた。駅舎は平岡元駅長によって保全されていた。駅のノートに札幌のAさんがメッセージを寄せていた。

今日は両親の元を離れて紋別に嫁ぐため、母の生まれた場所に来ました。こうして昔を懐かしむ場所が残っているのはとても良いことだと思いました。母の実家も廃屋となりもう形はありません。そのためにも、この駅を残して下さい（二〇〇〇・九・一）。

浅田次郎『鉄道員《ぽっぽや》』（集英社文庫、二〇〇〇年）は高倉健主演の映画にもなって評判を呼んだが、駅舎がドラマの舞台となると同時に、地域社会で果たしている役割が語られる。

　幌舞駅は大正時代に造られたままの、立派な造作である。広い待合室の天井は高く、飴色《あめいろ》の太い梁が何本も渡されていて、三角の天窓にはロマンチックなステンドグラスまで嵌《は》まっていた。ベンチはどれも黒光りのする年代物だ。

　せめてこの駅舎だけは保存できないものかと仙次は思った。しじまの中に、気動車の警笛が鳴った。

「お待ちどおさん——なあ、見てけらっしょ。とうとうだるま屋も閉めちまった」

雪の匂いを背負って駅舎に入ると、乙松は手旗を巻ながら駅前を示した。

「あれえ、ほんとだ。ばあさんどうしたの」

一軒だけ頑張っていた駅前のよろず屋は、軒を傾《かし》がせたまま灯を消していた。

「倅《せがれ》が美寄にマンションを買ったって。七十すぎのばあさまをまさか引き止めるわけにもいかないしょ。さて、こうなるとここにも煙草《たばこ》と新聞ぐらいは置かねばならんね」

「よせよせ、乙さん。一人で切符売って、掃除して、保線までしてよお、そのうえキヨスクまでやることはなかんべ」

「したって、まだ幌舞にも百軒からの家はあるもんね。みんなじじいとばばあばかりだけど、新聞ぐらいは読みたかろう」

36 「ひまわりサービス」——過疎地の高齢者を支える郵便局

一九九五（平成七）年四月に鳥取県智頭町で生まれた郵便局の「ひまわりサービス」は、過疎地の七〇歳以上の高齢者世帯に福祉サービスを運ぶ在宅生活サポートシステムである。配達員が家にたち寄り、郵便物の集荷サービス、病院の薬、年金、生活用品の注文を受けて配達、小学生からの定期的なメッセージを届ける。郵便局、市町村の役場、病院、農協、社会福祉協議会などが協力し、二〇〇四（平成一六）年三月現在、二一〇市町村で実施している。

郵便屋は毎日まわってくる。そして、孤独になりがちな年寄りに声をかける。

河村久代さんは七四歳、子供が大阪に出ていってからもう三五年の一人暮らし。町の中心まで買い物や病院に出かけるには、朝八時のバスに乗らねばならない。帰りのバスは、午後二時までない。ついついタクシーを使うことが多くなる。冬になると、もっと大変だ。二月の積雪は、約六〇センチから一メートル。バス道路は除雪されても、自宅の周囲やバスを降りて雪道を歩くのは、骨身にこたえる。そんな河村さんに、毎日の楽しみができた。毎日やってくる郵便屋さん、橋本さんのオートバイの音だ。〝河村さん、元気か。どうしょりんさる〟

表８　ひまわりサービス実施自治体

（2004年３月末現在、日本郵政公社『郵便2004』より）

支社等	都道府県	実施自治体
北海道（12）	北海道	忠類村　標茶町　黒松内町　朝日町　大滝村　浜益村　南茅部町　幌加内町　沼田町　奥尻町　泊村　美深町
東　北（25）	宮城	一迫町
	秋田	二ツ井町　峰浜村　小坂町　八森町　雄物川町　阿仁町
	福島	大越町　熱塩加納村　田島町　会津高田町
	青森	田子町　三厩村　碇ヶ関村　市浦村　平舘村　小泊村　十和田湖町
	岩手	花泉町　山形村　大東町　葛巻町　藤沢町
	山形	平田町　温海町
関　東（15）	埼玉	両神村　大滝村　神泉村
	茨城	里美村　七会村　山方町　緒川村
	群馬	倉渕村　小野上村　利根村
	千葉	和田町　白浜町　富浦町
	栃木	足尾町　馬頭町
南関東（６）	山梨	三富村　早川町　芦川村　上九一色村　大和村　丹波山村
東京（２）	東京	青ヶ島村　三宅村
信　越（20）	新潟	松之山町　安塚町　能生町　川口町　入広瀬村　山古志村　栃尾市　守門村　佐渡市
	長野	和田村　生坂村　楢川村　中川村　上村　栄村　八坂村　天龍村　小海町　上松町　長谷村
北　陸（７）	富山	平村
	石川	中島町　能登島町　門前町　柳田村
	福井	名田庄村　河野村
東　海（23）	岐阜	高根村　坂内村　洞戸村　春日村　上之保村　板取村　丹生川村　上宝村　久瀬村　藤橋村
	静岡	中川根町　龍山村　本川根町　由比町　佐久間町
	愛知	下山村　旭町　足助町
	三重	南勢町　南島町　紀和町　飯高町　宮川村
近　畿（17）	滋賀	朽木村
	京都	美山町
	兵庫	温泉町　竹野町　村岡町　千種町
	奈良	曽爾村　西吉野村　室生村
	和歌山	美山村　すさみ町　北山村　本宮町　花園村　金屋町　清水町　日置川町
中　国（14）	鳥取	智頭町　江府町
	島根	佐田町　匹見町　石見町　金城町、頓原町
	岡山	美星町　中央町　勝山町　作東町
	広島	大朝町　作木村
	山口	豊田町

支社等	都道府県	実施自治体
四　国 (20)	高知	本川村　大正町　大川村　十和村　三原村　仁淀村　物部村
	徳島	上勝町　木屋平村　由岐町　佐那河内村　木沢村
	愛媛	内海村　関前村　面河村　美川村　肱川町　瀬戸町　中山町　城川町
九　州 (46)	福岡	上陽町　黒木町　矢部村　星野村　庄内町
	佐賀	脊振村　有明町　多久市　呼子町
	長崎	奈良尾町　北有馬町　南有馬町　崎戸町　千々石町　新魚目町
	熊本	水上村　砥用町　中央町　産山村　天草町　五和町　小国町　球磨村　栖本町
	大分	武蔵町　山国町　竹田市　前津江村　豊後高田市　千歳村　安心院町
	宮崎	綾町　五ヶ瀬町　東郷町
	鹿児島	福山町　坊津町　宇検村　笠沙町　大浦町　鶴田町　龍郷町　東町　上甑村　霧島町　大崎町　徳之島町
沖縄(３)	沖縄	大宜味村　与那国町　多良間村
合　計	210市町村	

「アッ、郵便屋さんが来てござれたわ」

今日は病院で取ってきてほしい薬があったので、郵便受けに黄色い旗を立てておいた。橋本さんは、河村さんの薬の注文はがきを町役場の福祉課に、福祉課は病院に連絡して、薬は再び郵便屋さんの橋本さんによって、河村さんに届けられる。

宮本ひで子さんは七五歳で独居。今日は年金の現況届けを提出してもらうために、黄色の旗を立てた。役場まで足を運ばなくても、郵便屋の白岩さんが役場に届けてくれ、役場は証明書を発行し、社会保険庁に郵送する。白岩さんは、台所の電球が切れたとき、遠くの電器店まで買いに行ってくれたこともある。

「今までは、ただ郵便局に勤めていればいいと思っていたのですが、智頭の局に転勤して来て那智の局長に出会い、いろいろな施策に関わり、地域での活動をすることになり良かったと思っています」(日本地域と科学の出会い館編『ひまわりシステムのまちづくり』はる書房、一九九七年)。

このシステムは郵政省で採用され、今は全国に普及している。『日本の郵便局』(総務省郵政企画管理局)には、「地域社会への貢献」としてこう書かれている。

「窓口ロビーの活用—全国各地の郵便局では、会議室を地域の皆さまの会合や打ち合わせに提供したり、窓口ロビーにおいて地域の文化展を開催するなど、郵便局が地域のコミュニティセンターとして役割を果たすように努めています」。

「地方自治体との間に防災協定を結び、災害時における施設及び用地の避難場所、物資集積場所としての相互提供、避難先や被災状況情報の相互提供を行っています。また、郵便局では、災害救助法適用時において郵便・貯金・保険の災害特別事務取り扱い及び救援施策を実施するほか、避難所への臨時郵便差出箱の設置を行います。平成一三年八月末現在で、二五二一市区町村で実施しています」。

「郵便局の外務職員のフットワークを活用し、郵便集配途中で発見した道路、橋、トンネル、ガードレール、カーブミラー、道路案内表示板等の損傷状況及び街路樹による見通しの阻害といった情報を、地方自治体や警察へ提供し、地域住民の安全に寄与しています。平成一三年八月現在、二七一三市区町村で実施しています」。

近代郵便制度は、明治期の官僚で政治家でもあった前島密《ひそか》が創設したもので、一八七三(明治六)

年郵便事業の政府専掌・全国均一料金制を確立した。義務教育制度などとともに、国民福祉を支える日本近代化制度の一環であった。

社会保障制度、保健医療福祉制度、郵政民営化などの論議では、これらの福祉的役割はどのように位置づけられるのだろうか。

37 福祉を配達するデイサービス船「夢ウエル丸」――岡山県笠岡市

〝ひまわりサービス〟が陸の「生きた居住福祉資源」とするなら、デイサービス船〝夢ウエル丸〟は「海に生きる居住福祉資源」である。

日本には離島が多い。交通が不便で人口が少なく高齢者が多い。その福祉をどうするか。

瀬戸内海に面した岡山県笠岡市には大小七つの島がある。六五歳以上の高齢者の割合(高齢化率)は平均五四%(二〇〇五年)。一九九三(平成五)年、ここに日本初のデイサービス船「夢ウエル丸」(九九トン)が就航した。

リハビリ室、リフト式バス、身障者用トイレ、親睦交流室などを備え、生活指導員、看護師、寮母二名など介護スタッフ四人、船長、機関長、甲板長など計七名が乗る。月に二度の割合で各島を巡る。朝九時に笠岡港を出港。午前一〇時ごろに島に着き、午後二時まで港でデイサービス。

島の高齢者は船に乗ると、まず体温・血圧測定。その後、個別の相談やリハビリ、散髪、入浴をする。勝手がわかっていて、電動いすなどの操作は自分でやる。交流室がある二階へは電動リフトで上がる。私も一緒に昼食をとりながら話がはずんだ。

―船の何がよいですか。

「食事しながらみんなと話するのが一番楽しい。月二回が楽しみです」。

―おふろに入られないのですか。

「帰ってまた畑仕事をするから、寝る前に入ります」。

―皆さん、島育ちですか。

「そうですが、東京や大阪に出て年とってから帰ってきた人もいます」。

夢ウエル丸は、以前は高齢者と子どもを一

「夢ウエル丸」を港で待つ離島のお年寄りたち

緒に乗せて瀬戸内海クルーズなどもした。そのときの子どもたちのはしゃぎようや高齢者のうれしそうな様子は忘れられない、と担当者は語る。世代間の交流の必要性が強調されている現在、様々の課題にこたえる新しいタイプの〝福祉船〟が開発されたなら、日本だけでなく離島の多い世界の国々の注目を浴びることにもなろう。

海に囲まれた日本。人口の密集した大都市はほとんどが海に面している。南海・東南海・関東大地震などが警告されている現在、被災は沿岸部に多いことが予想される。ふだんは島を巡って福祉サービスを行い、災害時には沿岸地域に集まり被災者救済に貢献する「福祉災害救助船」が、真剣に考えられてもよいのではないか。

私が勤めていた長崎総合科学大学は以前は長崎造船大学と称した。現在は全国で唯一の船舶工学科を有する大学である。そこでは「介護福祉船」（一九九総トン）の研究と提案が行われている。

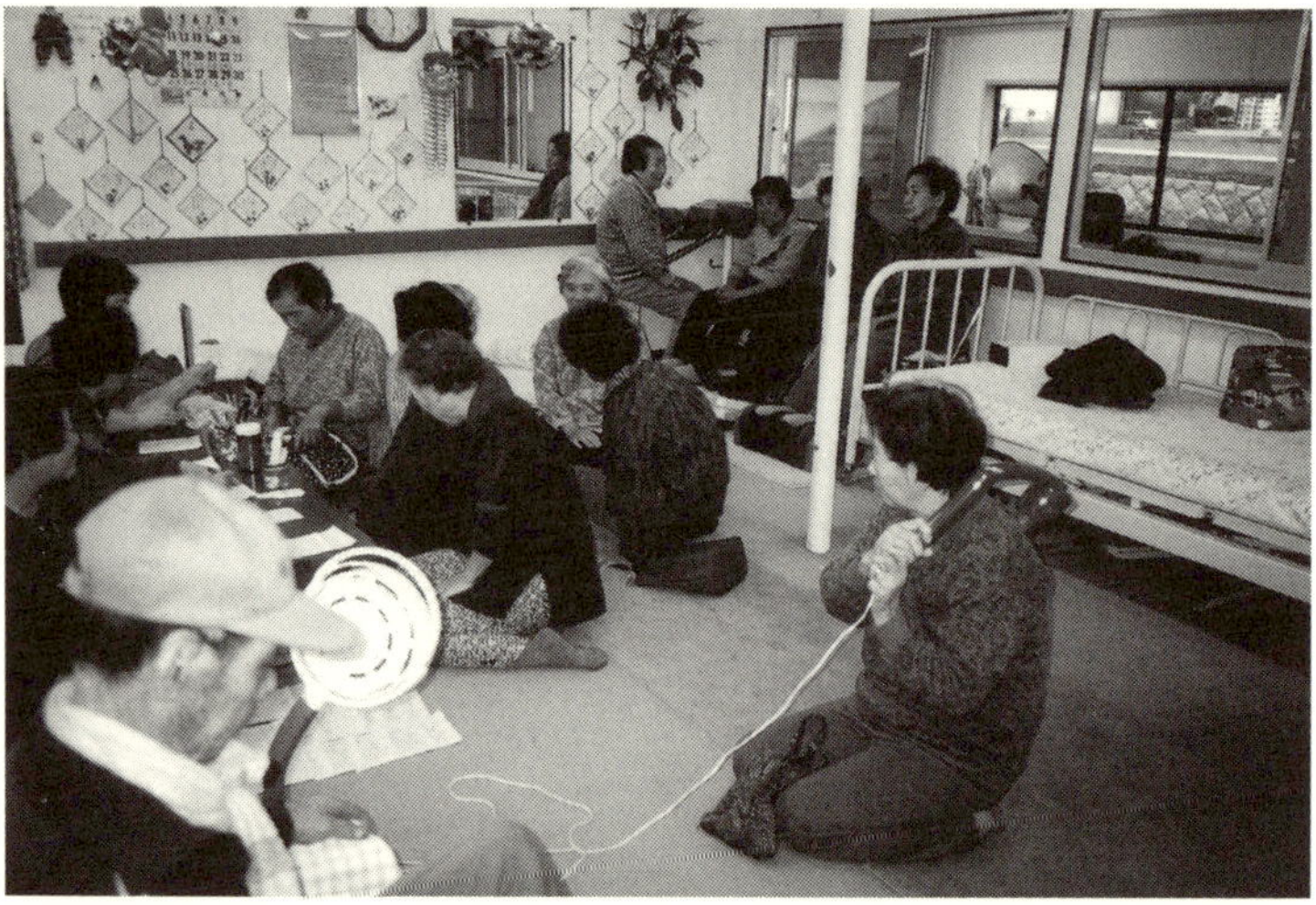

乗船するとすぐ血圧測定など

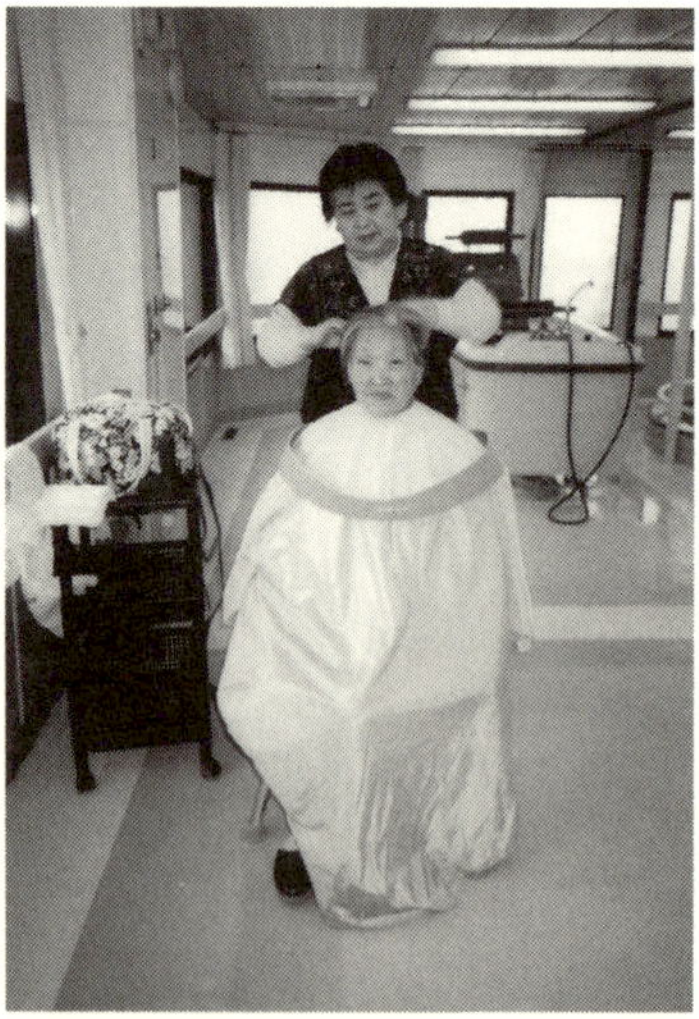

散髪する人も

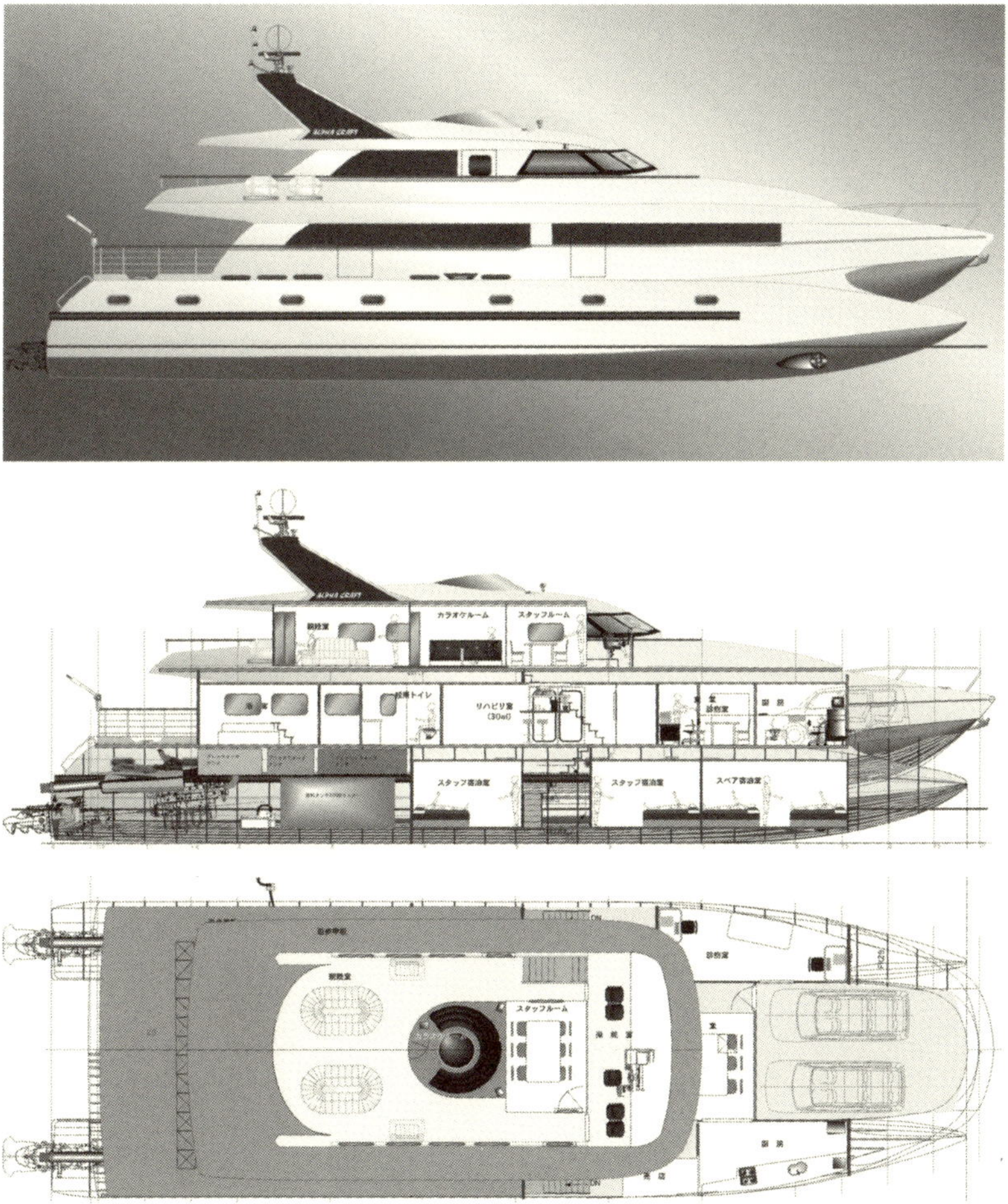

「介護福祉船」の構想。長崎総合科学大学・中尾浩一教授作成

一〇、村と町を居住福祉空間にする

江戸川親水公園。子どもを眺めるお年寄り

38「ニュータウンの再生」——大阪府・千里ニュータウン

日本のニュータウン第一号、大阪の千里ニュータウン（以下千里）を歩いた。一九六〇年代初期の入居から四〇余年を経た街は豊かな緑につつまれ、住民が空き店舗を喫茶や交流の「街角広場」に活用するなど、暮らしに根づいた良質の居住環境をつくっている。

ここに至るには行政、プランナー、建築家、住民などの様々の努力があった。住民が中心となった府営住宅の「一部屋増築運動」もそのひとつで、「もう一部屋あれば住みつづけられるのに」という居住者の働きかけで、七八～九一年度の間に千里で六一三三戸、府営住宅全体で約三万三〇〇〇戸の増築が実現した。

そして今は、ニュータウンに高齢化の波が襲っている。高齢化率は、大阪府の一七・五％（二〇〇四年一〇月）に対し千里は二五・六％（〇五年四月）である。

それで行政は、建物を高層化し余剰地に民間マンションを建て中若年層の入居を期待するという、人、建物の「再生」を目指している。

ニュータウンの中を歩くと、随所に巨大高層住宅に行き当たる。だが、既存の集合住宅を高層化するこの再生事業は、部屋がひろくなりエレベーターがついて便利になるが、家賃が大幅に上

大阪府・千里ニュータウンの一部屋増築

がり住みつづけられなくなる人がでる、樹木が切られ環境が悪化する、コミュニティが壊れるなどの理由で反対運動も起きている。再生をどう考えるべきか。

高齢化への対応は社会全体の課題である。高齢化が進んでいるニュータウンであれば、むしろ現在及び将来必要になるであろう高齢社会の多様なニーズに応える居住福祉資源、居住福祉空間として位置づけ、評価・再生していくことが必要ではないだろうか。

数年前、英国・バーミンガム市の公営住宅団地を訪ねた。やはり高齢者が多い。一階に広いサロンが設けられていた。そこでは、みんなでクリスマスパーティの準備をしていた。三人の女性管理人が三交替で二四時間詰め、タクシーの手配、買い物への同行、医師への連絡などに当たっている。年をとってもここで住みたいという入居者が何人もいて、その手伝いをしている。他の老人ホームの人たちとも交流する。

日本の場合も、土地を切り売りして財源にするなど目先の効率でなく、長期の展望に立ち、現在及び将来の地域社会における貴重な居住福祉資源として活用することを考えるべきであろう。それはまた、次のような様々な行政需要に応えることになっていくと思う。すなわちニュータウンの役割は、

①市場原理では住宅取得困難な中低所得層の居住福祉資源ストック。

②オープンスペース、緑陰として地域の居住環境形成への寄与。

千里ニュータウン内の住民による「街角広場」

③災害時の延焼防止、避難空間。大阪府の場合は、毎年募集している六〇〇〇戸前後の府営住宅空家の被災者その他への提供。

④残された空地は、将来の技術革新や社会全体の生活様式の変化などのニーズによる土地利用の要請に応えうる。

⑤高齢社会の福祉資源として。たとえば一階を利用したグループホーム、デイサービス・配食・訪問介護・生活支援センター、ふれあいリビング、年をとっても働ける「高齢者共同作業所」などへの活用。建物新設の必要がなく、身近かに「小規模多機能」空間が生まれる。ニュータウン居住者だけでなく、地域の高齢者の福祉拠点にもなる。大阪府ではすでにその一部が実現されている。

39　防災対策は日常の居住福祉政策にあり――「阪神大震災」の教訓

「平常心是道」とは禅の言葉である。仏の道は特別のものではなく、ふだんの心の持ち方にあることを説いた言葉だが、防災対策も同じだと思う。私が阪神・淡路大震災を体験して得た最大の教訓である。

地震による直接の犠牲者約五五〇〇人の九割は家屋の倒壊などによる。一割近くの焼死者も家が倒れなければ逃げられた。圧死や焼死、負傷した人は決して健康的とはいえない老朽、狭小、過密住宅に住んでいた人が少なくなく、死傷はその延長線上にあった。

助かった人も、暖房も夜具も十分ない真冬の体育館などで九〇〇人以上が亡くなる一方で、老人福祉施設に救出された高齢者はほとんどが助かった。施設には寮母や栄養士がいて、避難所ではのどを通らない硬いおにぎりは、かゆにして食べさせてもらえた。もともと福祉施設は心身の衰えたお年寄りの安息の場であり、震災時にお年寄りの生命を救うことは、その延長線上にあった。

だがその福祉施設も最大の被災地・神戸市では震災時、一二の政令指定都市の中で最低水準で、かつほとんどが開発行政の一環として六甲山中にあり救済機能を十分発揮できなかった。障害者施設も同様であった。

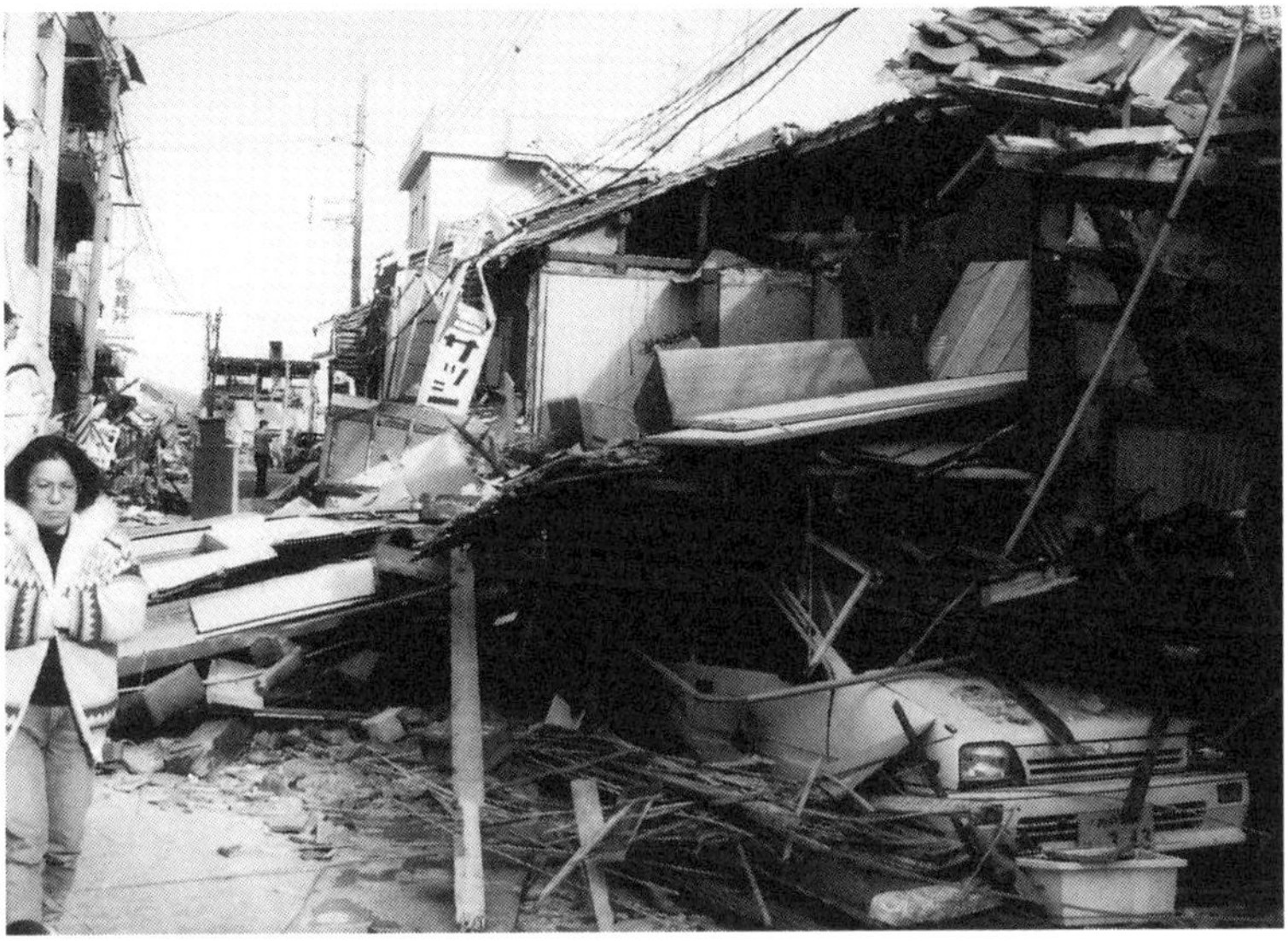

阪神・淡路大震災の跡

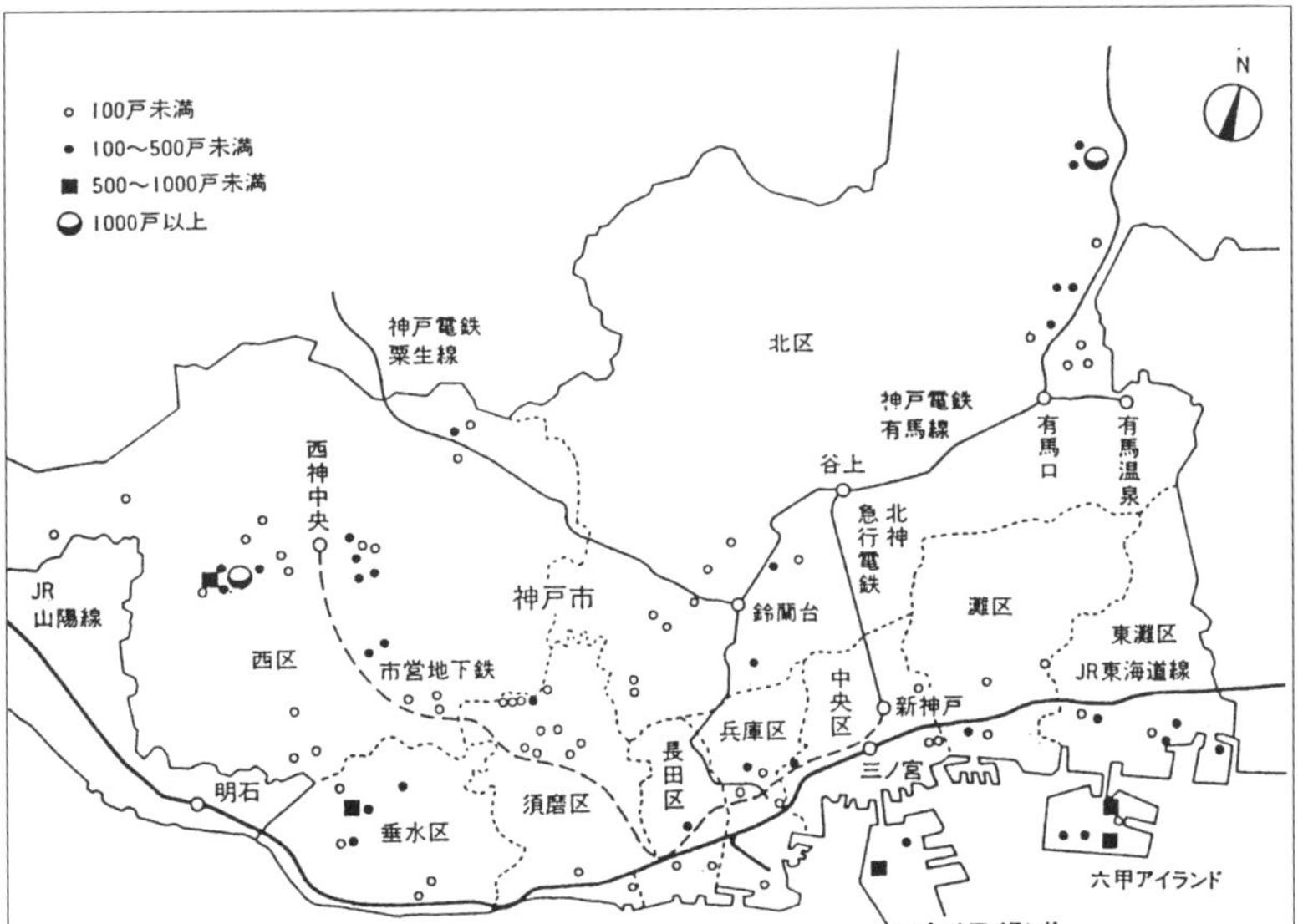

神戸市の仮設住宅の配置図（『朝日新聞』1995 年 6 月 8 日）

公園は、日常は子どもの遊び場、老人や主婦の憩い、オープンスペースや緑陰として地域の居住環境に寄与し、火災のときは延焼防止空間となる。

当時、市民一人当たり公園面積を主要都市でトップだと称した神戸市だったが、公園のほとんどはポートアイランド、西神ニュータウンなどの新規開発地などにあり、本来の市街地内の公園はわずかで、延焼を食い止められなかった。

新神戸駅前にあった中央市民病院は、病院関係者らの反対を押し切って人工島に移されていた。この島へのアクセスであるたった一本の橋は地震で傾き、交通が遮断された。市民の生命を守る

災害復興公営住宅（須磨区・名谷）

べき中央市民病院には負傷者を搬送できず、市民の生命を守れなかった。日常から市民の福祉や生活環境に力を注ぐ行政が、防災対策であり危機管理であることを震災は実証した。

和歌山市内にある「麦の郷」は、幼児から高齢の障害者までの発達支援、生活支援、労働支援などに取り組む障害者綜合リハビリテーション施設である。ＪＲ・南海電鉄の和歌山（市）駅をとりまいて二〇以上の施設が散在している。その取り組みは、障害者福祉の新しい時代を築こうとしているように見える。

その麦の郷（社会福祉法人・一麦会）が、和歌山市西和佐地区（人口五一八一人）連合自治会とともに二〇一三年一一月二一日、大橋健一・和歌山市長にひとつの提案を行った。その趣旨は、「①地域の福祉施設を高齢者（特に一人暮らし）障害者の避難場所に活用してはどうか。②福祉施設には人材や給食など二〇〇人用の設備がある。③職員など一二〇人の専門性を生かすこともできる。④地域には民生児童委員や連合自治会とのネットワークもある。⑤ライフラインが不通になっても麦の郷では井戸水が使用可能で、プロパンガスさえあれば給食が可能である。――これらが普遍化できれば、災害時要援護者対策になります」。

市長はこの提言を好意的に受け止めたという。こうした発想ととりくみが全国にひろがることを期待したい。

40　故郷は心の居住福祉資源——新潟県「山古志村」

新潟県山古志村（現長岡市）は、二〇〇四年一〇月二三日の中越地震で一瞬にして〃崩壊〃した。震災直後、現地を訪れ案内された村役場から見おろす村の風景は、「山が動き、大地が裂け、水が村を呑み込む」、さながら『旧約聖書』モーセの十戒の世界を彷彿《ほうふつ》させるものであった。長島忠美村長（当時）は全村避難を決断、住民は長岡ニュータウンの仮設住宅に移り住むことになった。

山古志村は五地区、一四集落、六九〇世帯、村民約二一〇〇人。そのうちの三地区、一二集落、約九〇〇人が住む陽光台仮設住宅団地を訪ねた。

村民は集落ごとに入居し、道路わきに集落の名前を記した看板を立てた。山古志村での月一回の集まりを、以前と同じようにつづけた。

診療所の医師、看護師、保健師も以前と同じ。小型トラックの物品販売も同じ人がまわる。簡易郵便局も元のまま。駐在所員七人のうち一人は山古志村出身。仮設近くの土地が農園として提供され、スイカ、メロン、トマト、キュウリ、ナス、カボチャなどを栽培。引きこもりを防止し、自分の仕事がつづけられるようになった。

かくして、仮設住宅は村の暮らしの再現となった。阪神大震災のとき、見知らぬ土地にバラバ

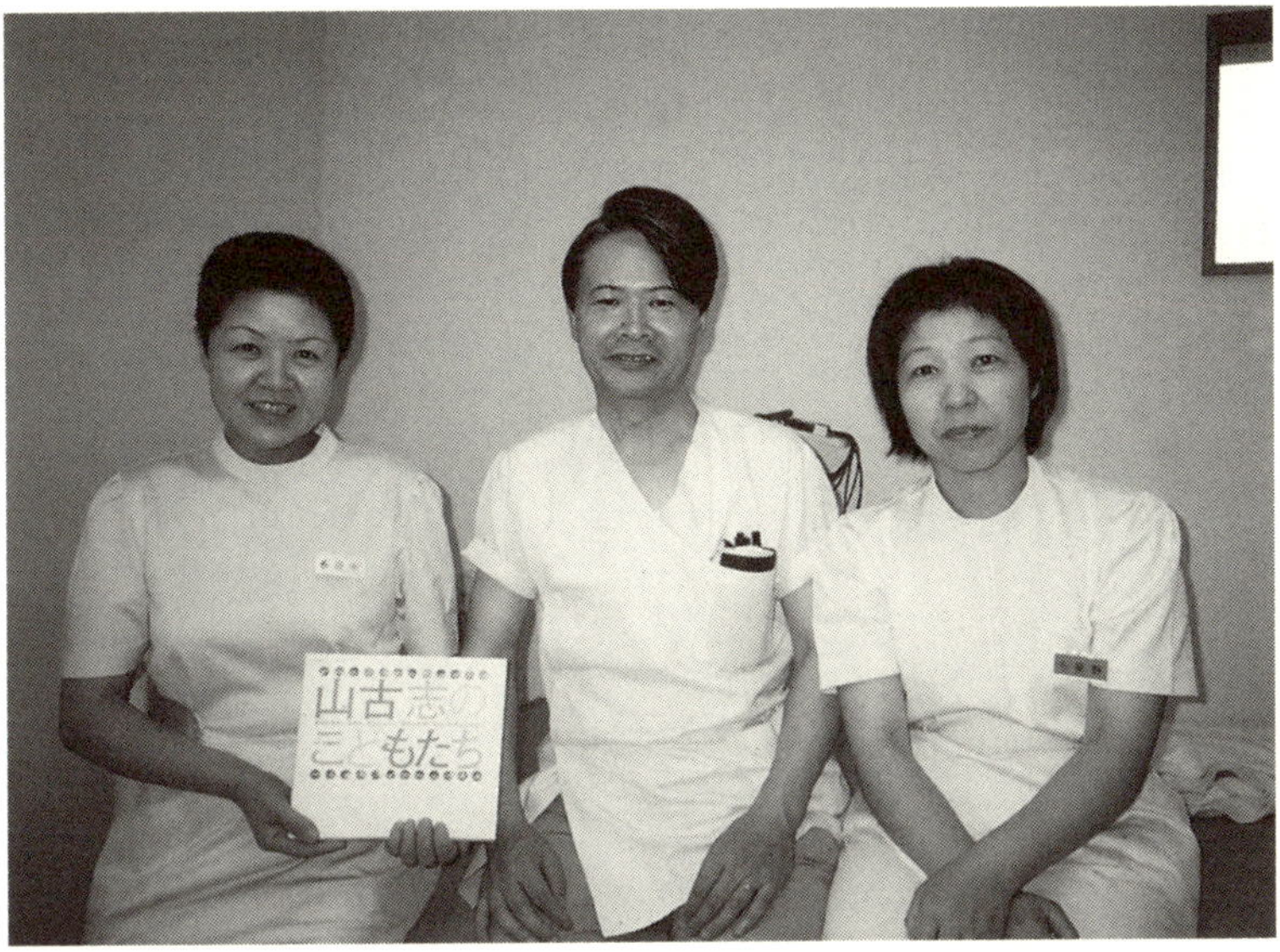

山古志村診療所の佐藤医師、看護師、保健師は山古志村時代と同じ 人たち

仮設住宅居住者に提供された農園。遠景は仮設住宅

ラに入居させられ、コミュニティを奪われ、孤独死や自殺に追い込まれた人もいたのとは対照的である。

これらの対応は、阪神大震災の復興対策を徹底的に反面教師とした。

「帰ろう山古志へ」と呼びかける長島元村長らは「山古志村が共有してきた生活、仕事、歴史、文化、景観を含めたなりわいのすべてが再建されてこそ、山古志の復興なんです。住空間だけでなく、大切に守ってきた心を感じる故郷にしたい」と語る。元村長らの思いが届くように願おう。老後の転居や環境の急変は、心身に大きな影響を与えることがある。本人の意識にかかわらず、「引っ越しうつ病」の発症や認知症などを引き起こし、最悪の場合、死に至る。二〇〇〇年の鳥取県西部地震復興で、片山善博知事が住宅再建に三〇〇万円などの援助を決断したのも「これからもここに住みつづけたい」という老婦人の訴えに涙したからという。コミュニティや故郷は「心の中の居住福祉資源」なのである。

付論1　中国の健康公園

まちかどの「健身点」（北京で）

私は毎年のように中国を訪れているが、最近興味深かった「中国の健康公園」を紹介したい。

北京、上海、大連など中国のどこの街を歩いていても、町角や広場に運動器具が備え付けてあるのを目にする。鉄棒にぶら下がったり、脚こぎをしたり、イボイボのある円盤をぐるぐる回したり、たくさんの種類がある。利用しているのはほとんどが中高年。傍らに「健身苑」の看板があり効能が書かれている。心肺機能の向上、血液循環の促進、腿・腰・上肢・胸背筋の鍛練、ただし心疾患・高血圧の人、未成年、児童は使用禁止、と。

大きな公園、車の走る道路の片隅の

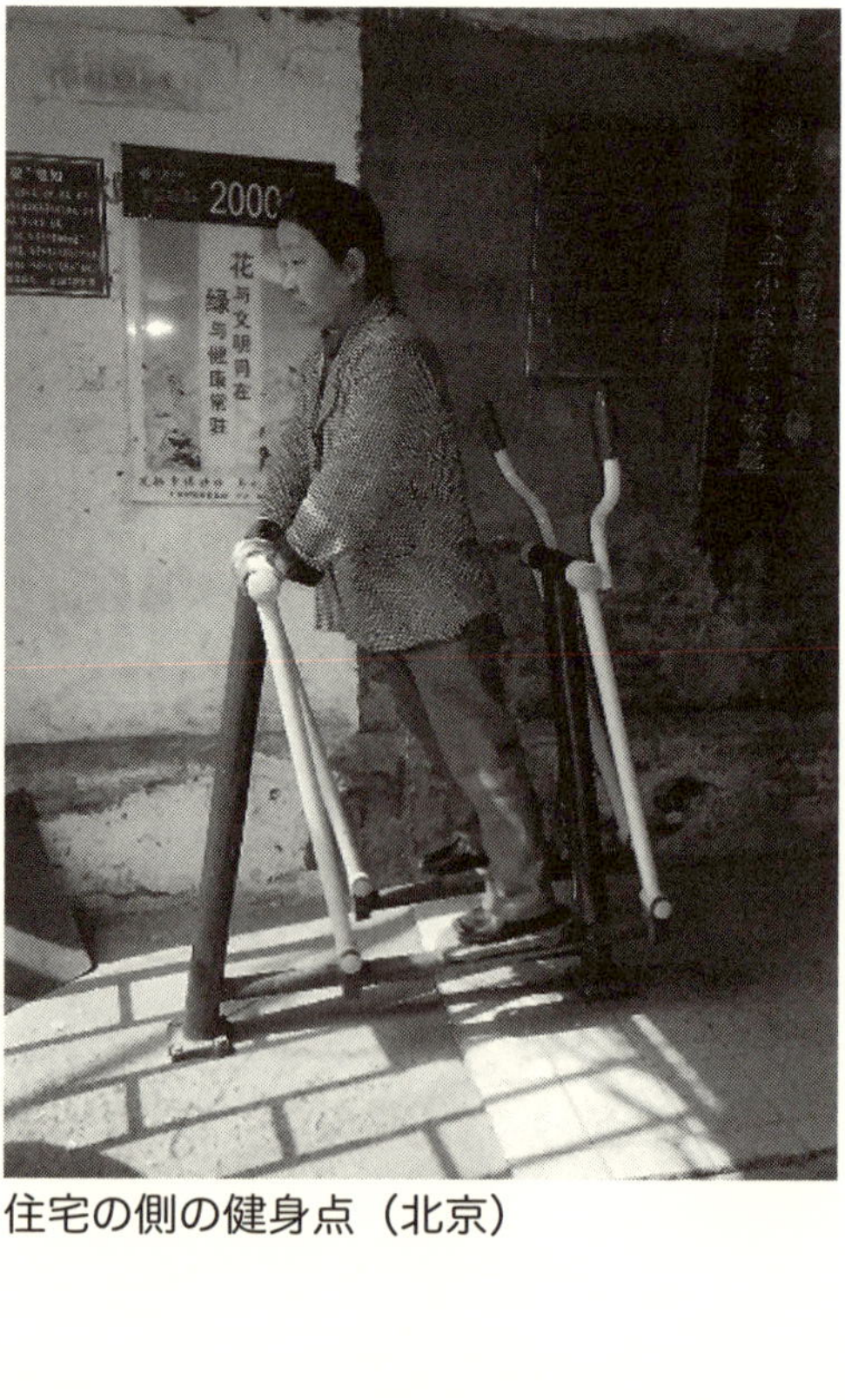

住宅の側の健身点（北京）

狭い敷地、アパート一階の空間（ピロティ）など場所は様々である。「古北新城」は一九九六年に開発された上海市西南部に位置するニュータウンで、約一六〇〇世帯が住み近くに日本人の多く住む高級住宅地や日本人小学校がある。上海市の担当者に案内されて、朝六時ここに来た。広い敷地に数多くの運動器具が並んでいる。すでに数人が運動している。年配の女性一〇人ほどが踊りのコンクールのための練習をしている。さらに大きな広場では三〜四〇人が太極拳の最中。九〇歳の女性もいる。先生がいて指導している。

日本には児童公園はたくさんあるが、中高年専用の健康公園はあまり見かけない。アスレチック・クラブのように費用は要らない。いつでも気軽に使える。こういう健康公園が日本でもひろがったらよいのに、と心から思った。

これらの「健身施設」（全体としてはこう呼ぶ）は、面積の広い「健身苑」と小規模の「健身点」の二種類が中心である。

上海市では一九九八〜二〇〇三年の間に、「健身苑」一六三件（平均敷地面積三、一二〇㎡、配置器材三八点）。「健身点」三六三四件（同五〇四㎡、一一点）が新設された。総費用は約三四億円（『上海年鑑』二〇〇三年による）。

健身苑の隣に末端の住民組織である社区居民委員会の事務所がある。デベロッパーが開発するとき建物の設置が義務づけられてできたものである。内部には事務室、多機能会議室などがあり、

アパートのピロティに設けられた健身苑（大連）

公園の中の健身苑（大連）

北京の街角での著者

そこで老人大学、英語教室、カラオケ教室などが行われている。ピアノやテレビを含め、設備は区の補助金と「福祉宝くじ」でまかなわれた。

高齢者の健康には、外へ出ることと軽い運動の二つが欠かせない。ヘルスクラブの筋肉トレーニングなどになじめない年配の私なども、こういう健身苑なら散歩の途中で積極的に利用する気持ちになる。外の空気を吸いながら身体を動かすのは楽しい。新しいコミュニティ空間にもなりうる。部屋の中での「筋肉トレーニング」などより楽しく気が晴れるのではなかろうか。自治体にとっても大きな土地や費用が要らない。空地を利用すればよい。高齢社会に対応する知恵の一つといえよう。

付論2　高速道路を壊して清流をとりもどす

――ソウル市 清《チョン》渓《ゲ》川《チョン》の復元

2005年10月1日。清渓川復元祝賀の記念行列

ソウル市役所のそばを走る清渓高架道路は、清渓川にふたをしてつくられた高速道路で、長さ五・八キロメートル、幅一六メートル、一日平均十余万台の車が走っていた。この都心の高速道路を壊して、魚のすむ清流に戻す工事が、二〇〇三年七月に開始された。なぜ復元が必要だったのか。二〇〇五年八月上旬、完成間近かの清渓川を訪れた。現地で貰った資料によると主な理由は次の四つという。

①ふたの下の川底に流れ込んだ化学汚染物質で、上の構造物が腐食し市民の安全が脅かされていた。

②ソウルを、きれいな水の流れる緑豊かな美しい人間中心の環境都市として生まれ変わらせる契機にする。

③清渓川の下に埋まる朝鮮時代の歴史遺産を復元させ、民族の誇りを取り戻す。

④都心地域を国際金融・ファッション・観光産業の街として活性化させる、など。

復元工事に際しては、地元の住民、商人会と四〇〇〇回以上の会合を開いたという。

一〇月一日、竣工式の日に再び出かけた。夕方からの式典には大統領や市長も参加した。厳重な警戒である。祝賀行事の楽隊が民族衣装をまとって次々行進する。翌二日、朝から出かける。両岸に並木がつづく。水辺の遊歩道には噴水、滝、休息のテラス。モダンな吊り橋、屋根のある橋がかかっている。

清渓高速道路（ソウル特別市清渓川復元推進本部提供）

訪れる市民の数はしだいに増え、昼ごろには通るのも大変。翌日の新聞は、市民九〇万人が見物に来た、と報じた。

日本では、東京都江戸川区の親水公園がすばらしい。かつて、区内には四二〇キロメートルにも及ぶ水路や中小河川が縦横に流れ、農業用水、水上交通、子供の魚捕りや水遊びなど暮らしを支えていたが、都市化の進展でドブ川と化した。

一九七四年、区は悪臭を放つこれらの川をレクリエーション・緑道河川事業として再生に着手。九六年、五つの親水公園が完成し、総延長一二〇〇〇メートルの美しい水の帯ができた。魚類、昆虫、野鳥、水性生物などは二〇〇種に及び小中学生の学習、散策、景観形成、環境の回復、気温の調節、防災等々の役割を果たしている。

子供が嬉々として水遊びし、親子が歓声をあげている。一人の老婆がその光景を飽きずに眺めている。私は声をかけた。子どもはいるが、もう長いこと音信はない。毎日、晴れた日には弁当を持ってここに来る。「子どもを眺めているだけで楽しいです」。清らかな川の流れ、水辺の風景が暮らしを豊かにする「居住福祉資源」であるのは世界共通だ。ソウルの高速道路撤去、江戸川区の親水公園による水と緑の回復は、時代の転換の先駆けである。

（注）第Ⅱ部に登場する施設等の名称が変更、改廃されたもの及び担当者が変更されたものがあるが、すべて取材当時のままとした。

清渓川（2005 年 10 月 2 日）の風景

（江戸川区環境促進事業団提供）

江戸川親水公園の施工前（上）、施工後（下）（同じ場所ではない）

第Ⅲ部　居住福祉資源の形成

——居住政策と居住の権利意識

第Ⅰ部では、居住福祉資源の「意義」（使用価値）について述べ、第Ⅱ部ではその実情について、著者なりの視点から掲げてみた。だが、「資源」は歴史的に形成されてきたものだけではない。私たちの生存と暮らしを変える居住福祉資源を未来に向かって創っていかねばならない。

たとえば生活の基盤が必要である。それには日本国憲法二十五条に見られる健康で文化的な暮らしを支える「居住政策」が不可欠である。

だがその実現には国民自身の「居住の権利意識」に依っている。そしてその権利意識の状態によって「資源」の形成は左右される。そのような視点から日本国民及び政策立案当局の認識を問わねばならない。それは図2に示したように住居から地域・国土全体に及ぶ。

この点について第Ⅲ部は既出拙稿「日本の住宅政策改革の基本課題」「住宅裁判・住宅政策にみる日本人の住意識」（木村保男・早川和男編『甲斐道太郎教授還暦記念論集現代社会と法の役割』日本評論社、一九八五年、所収）、及び被差別部落住民の居住の権利保障に関わる「意見書」を採録した。この裁判は一審の神戸地裁では住民側が勝訴、二審の大阪高裁で敗訴した。

第一章　日本の住宅政策改革の基本的課題

(1)低い日本人の住宅人権意識

現在の国民生活における中心的課題のひとつが住宅問題にあることは、多くの同意を得られる命題であろう。外国からのウサギ小屋という指摘をまつまでもなく、自由主義圏第二位の経済大国を誇るこの国の住居のはなはだしい貧困は、第二次大戦後の復興と国民経済的発展の方向がいかに跛行的な、国民の生活を置き去りにしたものであるかを示している。

住居は生活の基盤であるから、住居さえ安定しておれば生活の目鼻がたつ、という思いが人びとの間にはある。高齢化社会に向かおうとする日本にあっては必然である。だが、社会保障制度が弱体で、かつ国家による住宅保障という理念も現実も存在しないこの国では、社会保障、住宅保障代替機能としての個人による持家取得が国民の大きな関心にならざるをえない。実際は、高度経済成長のもとでの産業と人口の大都市集中がひき起こした地価の上昇に対抗して、勤労者が自からの賃金でその地価に立ち向かうということは、理論的にも、事実としても困難である。のみならず今日のわが国では土地投機が事実上野放しにされ、土地と住宅が不動産業・住宅産業の利潤追求の手段となっている。その中で多くの勤労者・市民は悪戦苦闘し、持家にたち向かえばローン地獄、その過程での家庭悲劇、あるいは高家賃、不良零細過密居住から抜けられないでいる。取得した持家とて決して満足できるものではない。

住居をめぐるこうした日本社会の状況は、世界史的にみて、きわめて異常なものである。英国・ヨーロッパ諸国等の西欧先進諸国にあっては、国家が国民の住居について責任をもつべき理念とその具体的政策内容を明記した住居法を有している。また、住居は基本的人権であるという認識は、ひろく社会、国民の間のコンセンサスとなり、住宅政策を支え進展させる基盤となっている。

そうした理念を背景に、住居が衣食とともに保障されるべき国連の人権宣言条項が成り立っているのだと思われる[1]。それゆえに、社会経済変動によって住宅事情が悪化したり住宅政策が後退した際は、家賃ストライキ、住宅政策改革要求デモ、空家占拠運動、労働団体によるストライキ等々を起こし、それによって自からの居住権を守ろうとする。それらの運動への参加を通じて住民の意識が発展し、そうした運動に政府や自治体が譲歩することによって政策が進展し、より豊かになっていく。その結果が、今日のヨーロッパの都市に見られる立派な住宅、美しい街並み、豊かな自然といった住みよい町のたたずまいであるといえよう。その具体例は前掲『人は住むためにいかに闘ってきたか』(東信堂)で詳述した。

それに対し、わが国の人びとの多くは、住居は自己の甲斐性で得るべきものと思いこまされ、信じさせられている。日々の生活や人生の豊かさの多くを犠牲にしても、マイホーム取得競争へと邁進し、家を取得することを生き甲斐にさせられている。国民自身、人間にふさわしい住居に住めないのは自分に甲斐性がないからと考えているから、貧しい住居から脱出できなかった場合は、諦めるという状況に陥る。住宅政策の貧困ゆえに人間らしい住居に住む自からの権利が奪われているとは考えないのである。

日本人が貧しい住宅に甘んじ住宅政策の改革に立ち上がらないのは、このような日本人の住意識＝住宅人権意識の不在に最大の原因があるからだと思う。同じ住宅問題に直面したとき、一方は住宅を人権と考えるから運動に立ち上がり、一方は自己の甲斐性と考えるから諦めるのである。

住居を人権と考える思想の高揚は、日本の住宅政策を改革していくうえでの基本的課題と位置づけねばならない。それを抜きに、事態は少しも変らないように思われる。

(2)住宅裁判と人権

さて、この国における住居に対する権利意識の稀薄さは、たんに一般市民・勤労者、労働組合等の間においてだけでなく、住宅行政関係者、学者、専門家、ジャーナリストなどの間においてもひろく見られる。それが現状を改革するうえでの大きな障害になるばかりか、国民の居住権を脅やかし悪化させる背景になっているように思う。つまり研究者、専門家、ジャーナリストなど、本来社会意識に目覚め、あるいは住居の問題を研究対象にしているはずの人たちの間にさえ住宅人権意識の稀薄さがみられ、それが事態の改革をさらに阻む要因になっていると私には思われるのである。

著者は、この数年来、「住宅裁判」ともいうべき訴訟のいくつかに、学者証人として法廷に立ち、あるいは日本住宅会議・日本居住福祉学会の活動をつうじて居住権を脅やかされている人びとの訴えに接してきた。その際つねに感じることは、わが国には全体として住宅人権意識の稀薄さがあり、それが事態を正しい解決の方向へ向かわせない要因になっているのではないか、という思いである。筆者は、もとより法律の専門家ではないので、発想や論理の組立てにおいて訴訟や法律の枠組になじまないこともあると思われるが、右に述べた趣旨に沿って、いくつかの事例をあげて論じてみたい。これは既に法廷において述べたことも含まれる。

1　公団家賃裁判

旧日本住宅公団（現ＵＲ）当局の一方的な家賃の値上げに際して、居住者団体は、・原価家賃方式による家賃という賃貸借契約条項への違反、・値上げ理由の内容の不明確さと居住者への説明の不在、・公団経営のずさんさのしわよせ等々をあげて争った。だが、この裁判に対するジャーナリストや国民の反応は、むしろ冷淡であった。その感情を臆測すれば、現在でさえ市場家賃に比べて安く居住し恩恵をうけているのに、若干の値上げにも反対するのはけしからぬ、というものであろう。

こういう反応は、一般に日本人の間に根深く存在するのではないかと思う。つまり、ともに権力に立ち向かうのでなく、闘っている仲間の足を引っ張るのである。なかには、この裁判はエゴイズムであるとして証人に立つことを拒否した学者もいた。この裁判の中心的争点は、次のように考えるのが妥当だと思う。

公共住宅とは、元来、人間が居住するにふさわしい住宅を家計の適正な負担によって国家が保障しようとするものである。したがって公団住宅は、民間借家とはまったく異なる性格の存在であり、政策家賃で決められるべきものである。公団当局がいうところの「公団住宅の家賃は市場家賃に基いて決められるべき」等という主張は、住宅政策への認識がまったく欠けているとしかいいようがない。わが国には国民の住宅を保障する住居法がなく、政策家賃の体系がない。そのなかで「原価家賃」方式は姑息な方式であり、近年の新設住宅の建設費の高額化による高家賃化という矛盾を抱えているものの、市場家賃に対抗する政策家賃の一形式として、公営・公社住宅家賃とともに位置づけられるものである。これを公団当局のいうように市場によって「再評価」し家賃を値上げするならば、公団住宅は公共住宅の性格を失ない、わが国の公共住宅、住宅政策は大幅に後退してしまう。また、低家賃の公団住宅が大都市圏に多数存在することによって、住宅市場に影響を与え、家賃の高騰を抑制している効果も見逃せない。公共住宅は入居者の住宅を保障するだけでなく、そのような効果をも持つものである。また、計画的な開発と良質の住居環境ストックの形成によって地域環境に寄与する等の役割を果たしていることはいうまでもない。

そのほか月額五〇〇〇円、一万円という少額であっても、その値上げは、停年退職し年金で暮らす老人の生活にとって重い負担である。そういう問題が一方であるが、基本的にこの裁判は、西欧先進諸国に比べて遅れた状態にあるとはいえ、日本の公共住宅政策を守る裁判であり、運動であった。居住者団体は、そのことをもっと社会に訴えて回るべきであった（裁判中、筆者はそのことを再三、アドバイスしたのであったが）。

この裁判のもつ以上のような論理を理解できない人たちが多数いたことに、はじめに述べた日本人の住意識の状況を汲み取らざるをえないのである。同時に、住宅政策の一翼を担う公団幹部のなかに、公団住宅の家賃は市場家賃でよい等と考えるものが多数を占めることに、その責任に対する認識の不在を見ないわけにいかない。この裁判は「和解」した。

2　公営住宅空け渡し裁判

公営住宅居住者が、収入基準を超えたことを理由に退去を求められた裁判で、敗訴した。

公営住宅の入居資格は、所得によって制限されている。福祉住宅的性格の強いわが国の公営住宅としては、当然の措置であろう。しかし、収入は年功序列型賃金体系のもとで年々上昇していく。入居時に適格であっても、間もなく超過する人たちが多い。中小零細企業に働く継続的低賃金労働者も多数いるが、右の人たちも少なくない。収入超過者に対しては、割増し家賃の制度がある。これも一定の合理性をもつ妥当な手段といえよう。問題は、さらに収入が超過した場合、空け渡しを求められることである。この場合、退去を拒否して自治体から訴えられた。

この裁判において、被告である居住者は、世間から冷たい目で、あたかも「悪人のように」見られ、マスコミで叩かれた。その職場の労働組合でさえも、支持を与えなかった。一方、住宅当局の担当者は、決して居住者を追い出すというのでなく、公団・公社住宅への入居をあっせんするなどしたが、それが受け入れられなかった。居住権の侵害ではないと思う、という。しかし、この論理は誤りであると思う。

住居はたんに寝る食べるだけの場ではない。それは生活の基盤で生活権の拠点ともいうべき存在である。子どもは友だちをつくる。故郷《ふるさと》にしていく、老人や主婦には見なれた景色や勝手知ったる住まいと街、親しい隣人や商店、自分のからだをよく知ってくれている医師、こうした存在が生活を支える。一人暮らしの貧しい家に住む老人がきれいな老人ホームへの移転をすすめても断わるケースが多い。見知らぬ土地へ行くことへの不安からである。

収入が超過したから移れというのは、生活の基盤を破壊することである。行政当局やこの居住者を非難する人にはそれが判っていない。

公営住宅の性格からして、あるいは家賃負担の公平という点から収入が多いというのであれば、さらに高い割増家賃をとればよいであろう。

公営住宅が少ないのだから、より収入の低い人が入居できるように努力すべきだ、という主張が次に出てこよう。これは俗耳に入りやすい。しかし、いま住んでいる人の居住権を守ることが先決なのである。このような主張を演繹していけば、公営住宅の数をいよいよ減らし入居資格をいよいよ引き下げ、それを社会的公平と称して低所得の入居希望者の不満を既存居住者に転化しながら、公共住宅政策を無限に後退させることができる。先にも述べたように、日本人は他人の人権、自分の人権を守る立場に立つのでなく、こうした為政者の論理に同調する性格がきわめて強い。まことに御しやすい国民性であるといわねばならない。公営住宅が少なく入居の可能性が少なければ、公営住宅の供給をふやすことで、この矛盾を解消する方向に政策を変えるべきである。公営・公団住宅の間で入居階層と家賃に差異があるから移動せねばならないというのでなく、同じ場所に住みつづけられるよう住宅供給方式の差別をなくす方向に政策を改めるべきである。現在は、むしろ低所得層だけが集まることによって様々の社会問題をひき起こしている。住宅困窮者やマスコミは、既入居者の退去を求めるのでなく、公営住宅をふやす主張をするべきである。英国などでの住宅運動団体はそのような経過から生まれたのである。

物ごとの価値判断の基準に、人権を守るという理念が日本人には弱い。住宅政策の場合も同じである。住居を人権として認識するところから出発して、すべての論理は組み立てられるべきである。それが現状変革の運動につながる。それを後向きに発想するから、住宅政策改革のエネルギーも生まれないのである。

3　テラスハウス居住者追出し裁判

公団のテラスハウス居住者が、公団に無断で増築し、契約違反であるとして退去を求められている裁判である。

一九五九（昭和三四）年に建設されたこのテラスハウスは、一階が四畳半と台所、二階が六畳と三畳という狭少なものである。ある居住者は老両親と夫婦と子供が一人。両親は病気で寝たきりとなり、子供は大学受験。どうしようもない狭さから公団に増築を要望したところ、一棟全戸同意を条件とした。しかし、古いこの団地では老夫婦もいて、八戸のうち七戸が増築を希望しても、全戸一致には至らない。他の団地を見にいくと、公団の許可なしにすでに二百余戸が増築している。黙認されていると感じたこの団地の居住者は、二〇余戸が一斉に増築した。それが契約違反だから立ち退けと、一九七八（昭和五三）年に訴えられた。公団側の言い分は、契約違反、画一的な団地管理ができない、美観を損なう、火災の危険、隣家の日照・通風妨害等だという。

それに対し居住者たちの言い分は、どうしようもない狭さで生活を維持するためにやむをえなかった、隣家には同意をとっている、一棟全戸同意の条件はこのテラスハウスの居住水準の現状からすれば不当でないか（一棟全戸同意を待っておれない）、美観をこわすというが建増し以外の人が大抵つくっている大きな物置きの方が汚く、むしろこちらの方が整然としていてきれいである、増築してからすでに一八年間経過したが、この間、団地管理上何の支障も起きていない、しかも契約違反だから増築部分を壊せというのでなく、立ち退けとは居住権の侵害である、というものである。

これをみていると、公団当局の頑なな姿勢に驚かざるをえない。公団はすでに現在、テラスハウスを含めた中層アパートにおいて一部屋増築、二戸一合併等の住戸規模拡大の事業を行っている。その際、二戸一の場合など必ずしも一棟全戸同意の必要はないのではないか、という声がでている。元の2DKと二戸を一戸にした3LKがミックスし、小規模家族、大規模家族が存在する方がコミュニティ形成の視点からも好ましい。また、一部屋増築の場合、どうしても不必要という世帯は一棟に集めたらどうかという声もある。いずれにしても公団は、現在、新設住宅の規模を大きくし既存家屋の拡大につとめている。その姿勢は好ましいことであるが、一棟全戸合意や、この場合の増築にあくまでこだわるのは、公団住宅の質向上政策の姿勢から見て異常であり、管理者として適切な態度といえないだろう。

これに類似したケースとして、イギリスの例をあげることができる。イギリスにはテラスハウスが多いが、個々の家族が増改築をしたりルーム・クーラーをつける場合、むしろ補助金を与える。そのかわり退去するときにはそのままにしておかなければならない。つまり、住宅管理当局と居住者が力を合せて住宅ストックの改善に力を入れる、居住者が投資した部分はそのままにしておく、という考えである。「居住者は彼らの住む場所を管理するに当ってより大きな発言権を与えられるべきであり、公式あるいは非公式に経営の決定に参加しうるべきである[2]」というのは、労働党政権時代に発表された『グリーン・ペーパー（住宅緑書）』の指摘で、団地管理全般への住民参加を促している。ストック改善への居住者参加は、住宅政策の中心課題である。政府、自治体、公団等の住宅供給主体と居住者がともに力を合せて、住宅の維持管理、ストックとしての価値の向上に努めることこそ、公共財産にとって好ましいこととといえよう。むろん増築は計画的で一定のルールが必要であるのはいうまでもないが、この件に関する公団当局の姿勢は、居住者の権利について、あまりにも無関心すぎる。

4　被差別部落住民の公営住宅立退《たちの》き裁判（第二章で詳述）

関西における旧被差別部落住民は改良住宅の建替えに際して不良住宅改良法における改良住宅を提供したが、その再入居に際して一般公営住宅並みの家賃負担に対する訴訟である。著者は四〇〇字一四〇枚の上申書を住民とともに書いて居住者に協力した。一審の神戸地裁では勝訴したが、大阪高裁で敗訴した。

(3)居住保障とは無関係な「住宅政策」

一九八五（昭和六〇）年六月、建設（現国土交通）大臣の諮問機関である住宅宅地審議会は「新しい住宅事情に対応する住宅・宅地政策の基本的体系についての答申」を行った。この答申は、一九八六（昭和六一）年から始まる第五期住宅建設五カ年計画の基礎となるはずのものである。だが、この答申には、人間にふさわしい住居を国民の権利と考えたり、国家がそれを保障する義務がありそれこそが住宅政策の基本的役割であるといったような認識は全く見られない。この答申の検討を行ってみよう。

1　「最低居住水準」の保障を目指さない「住宅政策」

いずれの社会体制にあっても、住宅政策の目標は、すべての国民の人間にふさわしい住居を保障することにある。自由主義経済のもとでも住宅供給を市場原理にまかせたのでは、高所得層を除く広汎な勤労者は良質の住居を取得しえない。その結果、不良住宅や過密居住が氾濫し、居住者の健康を蝕み生活を破壊し人権を損い、全体として都市環境を悪化させ社会の存続を危うくする。そのために近代国家は不良住宅の規制や住宅の直接供給などを政府に義務づけた住居法を確立したのであった。

第二次大戦後、戦火をうけた西欧諸国は、自から住宅を建設しえない広汎な勤労者に対して大量の公共住宅を供給し、住居のナショナル・ミニマムを保障したのであった。たとえば、一九五一年から七八年の間に英国での総住宅建設戸数のうち五八・六パーセントは公共賃貸住宅であった（その半分以上は３ＬＤＫ以上の規模）。同じく西ドイツでは四二パーセントが社会住宅（公共住宅の一種、一部分譲を含む）[3]であった。また、単に住宅を供給するだけでなく、英国では過密居住、住宅衛生条件等の面から実際の住生活を点検し一定の基準に合致しない場合は、不適格住宅として改善命令、補助、閉鎖等の対象となる。それが不可能の場合は、公共住宅があっせんされる[4]。また、家賃減額や住宅手当の制度によって、家計に対して過重な住居費負担が生じないように配慮している。このようにして政府は、国民の住宅保障に努力してきたのであった。

これに対しわが国では、政府が国民の住宅を保障するのでなく、自力建設、持家取得などの自助努力にまかされた。その結果が、同じ戦災をうけた国でありながら、ヨーロッパ諸国の立派な住宅・美しい街並みに対する「ウサギ小屋」・乱雑な街並みの差といえよう。

そういう意味では、一九七五（昭和五〇）年の住宅宅地審議会の答申が八五年までの一〇年間に、政府のきめる「最低居住水準未満」の住宅に住む世帯すべてを解消することを目標として掲げたのは、住宅政策として一歩の前進であった（むろんその時点でそれを実現するための住宅政策が充分に検討されたとは少しも思えないが）。

ここにいう最低居住水準とは、「国民が健康で文化的な住生活を営むに足る居住状況の最低の水準であり、すべての世帯が確保できるようにすることを目標としたもの」である。その内容は、

(1)寝室は、次の条件を満たすものとする。
ア、夫婦の独立の寝室（六畳）を確保する。ただし、満五歳以下の子供（就学前児童）一人までは同室も可とする。
イ、満六歳以上一七歳以下の子供（小学生から高校生まで）については、夫婦と別の寝室（共同の場合六畳、個室の場合四・五畳）を確保する。ただし、一室二人までとし、満一二歳以上の子供（中学生以上）については性別就寝とする。
ウ、満一八歳以上の者については個室（四・五畳）を確保する。
エ、寝室の規模は、主寝室一〇平方メートル（六畳）、副寝室七・五平方メートルとする。
(2)食事室は次の条件を満たすものとする。
ア、食事のための場所を、食事室兼台所として確保する。ただし、単身世帯については台所のみとする。
イ、食事室の規模は、世帯人員に応じ、二〜四人世帯の場合は七・五平方メートル（四・五畳）、五人以上の世帯の場合は一〇平方メートル（六畳）とする」（『住宅統計調査』昭和五八年「用語の解説」による）

「健康で文化的な住生活を営むに足る居住状況」を室数と居住密度からのみ規定するのは誰が見てもおかしいが、この問題はあとで議論するとして、一九八三（昭和五八）年の『住宅統計調査』によると、日本の世帯総数三四七〇万四五〇〇世帯のうち、最低居住水準未満の世帯は三九四万五一〇〇世帯で、世帯総数の一一・四パーセントを占める。その内訳は、持家約一〇〇万、最低居住水準未満世帯率四・六パーセント、民営借家居住世帯一八二万世帯、二一・四パーセント、公共借家居住世帯八万世帯、三三・一パーセント等である。これらの数値は、政府の進める持家政策による持家居住者が、決して住生活を保障しているものでないこと、民営借家居住世帯が依然として劣悪居住に悩まされていること、公共借家居住者は過密居住でも我慢せねばならないことなど、日本の住宅事情の諸断面を示している。

さて、政府が、これの解消を目標としながら達成しえなかったとすれば、過去の政策に間違いがあったわけで、それを克服する政策の提起が次期審議会答申の中心課題とならねばならない。しかし、今回の答申にはそれが全く欠けている。むしろ、いわゆる民活路線に沿って公共と民間の役割分担を強調し、公共住宅を後退させ、公団を縮小・民営化し、住宅供給をより市場原理に委ね企業の利潤追求の対象に提供しようとしている[5]。これでは住宅政策とはいえない。

今日の住宅事情が改善されない大きな原因に、住居費負担の過大さがある。低所得層向け公営住宅の家賃月額が五〜六万円、公団住宅に至っては八〜一二万円にもなっている。住戸規模が若干大きくなったとはいえ、これでは容易に入居できまい。また、住宅ローンが家計の大きな重荷となっていることは周知のとおりである。これらの点についての対策も全く存在しない。

答申は、持家建設が伸び悩む一方、借家の需要がふえているので借家の供給に力を入れるという。住宅の必要性を、国民の住宅保障の視点からでなく「需要と供給」面からとらえるのは、住宅を商品と見なしているからである。住宅産業がそう見るのは当然として、政府がそうなったのでは、住宅政策とはいえないだろう。また、借家の必要性を強調するのはよいとして、建設費補助や利子補給によって成立している公共住宅が高家賃となっている現状で、採算ベースによる民間借家がどうして住宅困窮者を救いうるのだろうか。それは、たとえば住宅宅地審議会委員安藤太郎氏（住友不動産会長。昭和六〇年四月二四日開催の同審議会第七回住宅部会）の次のような発言に口実を与えるものとなっている。

「最近とみに貸し家というものが新設家屋のうちに占めるシェアが非常に多くなっておりますが、しょせん民間のつくる貸し家はかえって質を悪くする。ですから質より量ということであるならば、御当局において政策としては持ち家政策というものを絶対に柱としなくてはならない」

そのほか、地代家賃統制令の廃止、家賃改訂の円滑化、貸家経営の近代化、借地借家法の改正等をかかげているが、国民の住宅を保障する住宅政策が存在しないままにこれらが行なわれたならば、家賃の値上げ、立退き請求が頻発し、借地・借家人の居住権を脅やかす危険がきわめて大きい。現在でもすでに「底地買い屋」、「立退かせ屋」の暗躍によって、多くの借家人が苦しめられている。答申はこうした居住権の侵害に何ら応えていない。

以上に述べた一連のことがらは、西欧先進諸国の住宅概念と比べて、まことに異常なことといわねばなるまい。

2　住宅人権を保障しない「最低居住水準」

わが国の住宅について、最低居住水準未満住宅居住世帯が約一割というのは、実感としていかにも少ない。それは、居住水準を実数と居住密度からのみ見ているからである。たとえば、専用便所のない住宅一〇八・四万戸、専用浴室のない住宅三九六・八万戸、専用台所のない住宅二三・九万戸、水道のない住宅一九八・六万戸（昭和五八年『住宅統計調査』による、以下同じ）、さらに、危険または修理不能住宅一四・四万戸、大修理を要する住宅一七七・八万戸が存在する。これらの要素は重複しているから、単純に加算するわけにいかないが（『住宅統計調査』では一部重複の計算をしている）、相当数の住宅が、住宅としての基本的な設備を備えていないことがわかる。

第三期五カ年計画発足時には、最低居住水準未満世帯の解消のほか、住環境水準を設け（基礎水準と誘導水準）、低水準の住環境の解消を目ざしている。この基礎水準とは、「国民が健康で文化的な住生活に足りる住環境の基礎的な水準であり、低水準の住環境の基礎的な水準であり、低水

準の住環境の解消を図る場合の指針となるものである」。その内容は、
①災害に対する安全
②日照、通風、採光および衛生、安全上支障のない水準
③騒音、振動、大気汚染、悪臭のない水準
④住宅の高密度な集合による居住不適当、火災の延焼防止
などである。これらの住環境水準についても、八三(昭和五八)年の住宅答申はまったくふれず、課題とすることさえ避けている。

他方、答申は建設省の昭和五八年『住宅需要実態調査』をもとに、「国民の住宅に対する意識の変化」をとりあげ、次のように述べている。

現在の住まいについて「何らかの不満を感じている世帯は全体の四六・一パーセントで、その内容は住宅の遮音性、断熱性、暖房・給湯設備、便所・台所・浴室などの設備に対する不満が高くなっている」。また、「住環境に対して何らかの不満を感じている世帯は全体の三〇・二パーセントであり、公共公益施設への接近性、火災・地震・水害などに対する安全性、騒音・大気汚染などの公害の状況等に対する不満が高い」という。これらはいずれも、前記の住環境基礎水準である。

さて、答申はこれらの事実を「国民の住まいに対する意識は、住宅の規模から性能、設備及び

公共施設、安全性、日常の利便性、景観等の住環境へと多面的な広がりを見せており、質の向上に対する国民のニーズは一段と多様化、高度化してきている」（傍点引用者）と解説する。

何という認識だろうかと思う。ここに掲げられた諸要素は、住宅の質の「多様化」、「高度化」などという問題でなく、まさに住宅の基礎的要件なのである。

西欧諸国では、このような問題をどうとらえているのであろう。いくつかの例をあげてみよう。

(1)　英国での住居監視員は「不適格住宅」（"unfit house"）を改善命令の対象とする。不適格住宅とは、便所、浴室、台所のない家、給水・給湯施設のない家、自然採光・自然換気のない家、結露・老朽のいちじるしい家、過密状態の家等である。この基準に照らしあわせるなら、わが国の住宅の多くは住宅の名に値いしないものとなろう。

(2)　英国の住宅運動団体シェルター（"SHELTER — The National Campaign for the Homeless."）は「ホームレス」の人びとの住宅確保を目指したキャンペーン団体で、住宅の実態調査、住宅相談、立法活動等々の様々の活動を行っている[6]。

ところで彼らが解消をめざす「ホームレス」（"The Homeless"）を次のように定義している。

①野原や廃車の中で暮らす「路上の家族」、

②むさくるしい環境の中で暮らす家族、

③絶望的な過密居住の中に住む家族、

④別れてばらばらに暮らす家族、
⑤親類や友達と同居しストレスに耐えている家族たち、
⑥住宅が不適格のために肉体的危険にさらされている家族、
⑦便所、給湯など基本的な設備の多くまたは全部の欠けている家族、である。[7]

この基準に照らすならば、日本には何と多くのザ・ホームレスが存在することであろうか。

(3)　アメリカ住宅都市開発省による「住宅最低基準」(“Minimum Property Standards”by H.U.D. ＝ U.S.Department of Housing and Urban Development, 1979.)は、「低家賃のように政府が補助金を出した住宅もそうでない住宅も含めて、標準的な住宅のすべてに適用され」、地方の法令はこの基準より緩くなってはならない最低の基準である(第一章、一般的利用法)。この基準の中で、「必要な設備」(二〇二・四項)として、「各住居ユニットは次のような設備を備えていること。①安全でおいしい水の安定供給、②衛生設備と確実な下水処理設備、③健康で快適な生活を送るのに十分足りる暖房、④家庭内で使用する温水の十分な供給、⑤照明、設備への電気供給、⑥ゴミ、クズを集収し回収除去するまでに貯めておく衛生的な設備」。

また、「住宅の安全性・衛生を脅やかす欠陥建築物、職人の技量不足、地盤沈下、過度な湿気、雨洩り、腐食、白蟻の害などを指摘された建物は、その欠陥が修復され、永久に除去されるまで建物として認めることはできない」(二〇五・四項)と規定する。

このような〝住宅〟に対する概念規定＝定義は、欧米各国において、住宅建築物の状態、居住の状態、居住環境の状態など各側面から行われている。

西欧諸国と日本の基本的相違は、政府、国民の住居に対する認識の差異であり、前者が人間にふさわしい住居の概念を法律によって規定しその実現を政府が自から義務づけているのに対し、わが国では住宅を人間が生きていくために必要不可欠の存在として認識せず、ネグラづくり、戸数主義、不動産業の金儲けの対象としてしか見ていない。人が居住していればたとえ一畳の部屋でも居室とみなしたり、専用の便所、浴室、台所がなくても共用のものがあれば住宅とみなすなど（『住宅統計調査』の住宅概念）、西欧先進国ではありうべからざる発想である。このような「住宅」概念を前提に、空屋が一〇パーセント存在するから、住宅政策の課題は量から質に移ったなどとは、見当違いも甚だしいというべきであろう。これでは、とても先進国とはいえまい。

(4)人権闘争としての住宅政策転換

西欧諸国の住宅政策がすべてうまくいっているということがないのは、いうまでもない。また、たとえば英国の住居水準が高いのは、「数世紀にわたる植民地の収奪を土台に日本の二倍の歴史の年月をかけて都市の住宅・居住環境ストックを形成してきた有利さ[8]」のせいという。そういうこともあるが、これは、木を見て森を見ない一例であろう。第二次大戦後の英国での公共住宅は、前述したように総建設戸数の六割近くを占めるものであった。それによって国民の住居についてのナショナル・ミニマムを保障している。

また、これだけの公共住宅の大量建設には様々の問題をともなっている。巨大な高層住宅による老人や子供の疎外、老朽住宅を建て替える再開発事業が惹き起こしたコミュニティの破壊……。最近刊行されたある図書は、イギリスでのヴァンダリズム（青年が公共物等を破壊する行為）の原因に、巨大集合アパート、高層フラット（タワー）等々があると報告している[9]。こうした弊害ゆえに、英国の住宅政策の基本を否定するのは明らかに間違いである。政府がいち早く法律によって高層公営住宅を禁止（一九七一年）したことや再開発から修復事業へ政策の重点を移していることに、その性格を見るべきであろう。サッチャー政権での諸立法は、むしろ主流とは見なされまい。

二一世紀に向かう社会にあって、生活基盤と福祉の基礎としての住居の安定は欠かすことができない。現在の世界的な不況のもとで、英国をはじめとする西欧諸国民の生活が安定し社会不安が生じていないのも、生活基盤としての住居に不安がないからである。住居をたんなるネグラと見なしたり、甲斐性の問題と考えたり、金儲けの対象とするような社会・政治・経済の構造を変えなければならない。

それは、長い時間のかかる容易な道ではないと思われるが、何よりも国民が住宅を自からの権利として意識する努力をつみ重ねるところから出発するほかあるまい。

欧米の居住の権利闘争については、前掲『人は住むためにいかに闘ってきたか』（東信堂）参照。

注

1　住居を基本的人権と規定した条文は多岐にわたる。一九四八年国連総会で採択された『世界人権宣言』第二五条「何びとも、食糧・衣服・住宅・医療その他必要な社会施設を含め、個人および家族の健康と幸福を保障するに十分な水準の生活をする権利を有する」。『国際人権規約』第一一条「この規約の締結国は、自己およびその家族のための相当な食糧、衣類および住居を内容とする相当な生活水準についてのすべての者の権利を認める」。（一九七九年、日本政府もこれを認め、わが国にも効力が生じることになった。「相当な住居水準」について国民の権利が認められたわけだが、現状は未立法で義務違反となっている）。西独『バイエルン州憲法』第一〇六条「①バイエルンのすべての住民は、適切な住居を求める権利を有する、②低廉な国民住宅の建設を促進することは、州および地方自治体の責務である、③住居はすべての人にとって避難所であり侵害されない」。『スペイン憲法』第四七条「すべてのスペイン人は、人たるにふさわしい適切な住宅を享受する権利を有する」。

2　"Housing Policy, A Consultative Document" 1977, P.130

3　早川和男『日本の住宅革命』（一九八三年、東洋経済新報社）九七頁以下参照。

4　英国の住居監視員制度、フランスの社会保健婦などは居住状態を良好に維持する制度である。詳しくは前掲注3書一〇五頁以下、早川和男「英仏の住居監視制度」『公衆衛生』一九八四年二月号一二九頁以下を参照。

5　早川和男「最低水準住宅の解消へ無策でいいか――住宅宅地審議会の答申を批判する」『エコノミスト』一九八五年九月一〇日号参照。

6　詳しくは、早川和男『新・日本住宅物語』（一九八四年、朝日新聞社）一四二―一四七頁参照。

7　Des Wilson "I KNOW IT WAS THE PLACE'S FAULT" P.20.

8　長峯晴夫「日本の居住水準の国際比較」日本建築学会建築経済委員会『これからの社会と居住水準』一九八五年、一四頁。

9　ALICE COLEMAN "UTOPIA ON TRIAL —— VISION AND REALITY IN PLANNED HOUSING" 1985.

第二章　意見書

神戸大学名誉教授　早川　和男

序

本意見書では次の3点について述べる。

第一は、本訴訟の基本的争点にかかわる現代社会における居住保障及び居住権の意義と中央・地方政府の責務および、その中での公的住宅の位置付けを、国民生活の現状、国際的動向などの視点から考察する。

第二は、新公営住宅法による応能応益家賃制度が公営住宅の意義に即して正当性を有するか。応能応益制度が必然化する強制立ち退きについての実体的、国際法的検証である。

第三は、新公営住宅法における応能応益家賃制度の誤りはむろんのこと、さらに改良住宅にも適用することの誤謬について述べる。

(1)居住保障の現代的意義と国の責務

1　福祉国家の基盤としての居住保障

どこの国、どこの町や村であろうと、人はすべてこの地球上に住んで生きている。安全で安心して住める住居がなければ、人は安心して生きられない。世界的にあとを絶たない戦争や宗教・民族紛争などで、家を失い路上生活を強いられている難民、世界的に急増しているホームレスの人たちなどの状態を見ると、住居の意義がよく分かる。安心できる居住＝安居がなければ、日々の暮らしも、健康の維持も、子どもの発達も、家庭の調和も、老後の安息も成り立たない。住みよい地域社会は形成されない。安居は人間生存の基本的基盤であり基本的人権である。

このような認識から現代福祉国家では、国民の「居住保障」は国家や社会の責務で行うという考えが、基本理念となってきた。

資本主義社会はすべての生活手段を商品として供給し、競争や大量供給によって品質を向上させるという社会である。ここに「市場原理」というものの優位性がある。それは、かってのソ連の官僚統制による計画経済の失敗などを思い起こせば理解できる。しかし、資本主義社会といえども市場原理になじまない生活財・生活手段がある。医療、教育、社会保障、雇用、福祉サービス、そして住居の六項目は、これを市場にまかせるなら、経済的余裕のない者は教育が受けられず医者にかかれない。失業は本人の怠惰、飲酒癖等々による個人責任という考えは間違いであり、資本主義社会が必然化する現象であるという認識が一般的になり、生活保障の社会システムとして、社会保障、福祉サービスの制度が確立されたのである。

また、個々の住宅は私的使用財であるが、そのトータルは社会的存在である。個別の住宅が劣悪・不衛生であれば居住者は病気にかかりやすく、労働力の保全、医療費や残された家族への救済費等々の社会的損失と社会的費用が発生する。個々の住宅が劣悪では美しい街も形成されない。全体として良き市民社会がつくれない。こうした認識から、資本主義社会であっても、多くの先進国では、健康・快適な居住保障は基本的人権、社会的予防医療・予防福祉と考えられ、それを社会政策・福祉政策の一環として展開してきた。

一八四八年の英国公衆衛生法による住宅政策、都市計画はその嚆矢であり、その後住宅都市計画法、住居法などによって国民の居住保障が展開された。それが世界に拡がり西欧諸国は福祉国家をつくりあげた。第二次大戦後は、たとえば英国では終戦の一九四五年から一九七八年までの間に建設された住宅の五八・六%は公共賃貸住宅であった。旧西ドイツでは無利子一〇〇年返済の資金による社会住宅が大量に建設された。オランダ、フランス、北欧諸国なども制度は違ったが発想と取り組みは類似していた。

一九七九年、サッチャー政権はこの公共住宅政策をカットした。新規公営住宅の建設は中止され、現存する公営住宅も次々と払い下げられた。その結果、一九七八年に住宅全体の三三%を占めた公営住宅は二〇〇〇年には二二%に減少し、ホームレスの爆発、諸社会的費用の激増などを招いた。英国では一九七七年に、ホームレスには何らかの居住施設を提供しなければならないという「ホームレス法」が制定された。イギリスのホームレス支援団体〝シェルター〟の調査によると、自治体がホームレス等に提供する居住施設の費用は、九二年度のロンドン市だけで、八・二五億ポンド(一ポンド二〇〇円とすると約一六五〇億円)にも上る。過密で非衛生的な住居に住むことからおきる病気の治療費は、少なく見積もっても一年に八億ポンド(約一六〇〇億円)も増加している。現在、イギリスの社会保障費は住宅の貧困のしりぬぐいに追われている感さえある。「揺り籠から墓場まで」といわれた社会保障の国イギリスが住宅政策を切り捨てたとき、貧困は再びもどってきたのである(早川『居住福祉』)。

2　総合的生活保障の基盤としての居住保障の意義

(ア) 総理府「社会保障制度審議会」勧告と日本の住宅政策

現代日本社会では居住保障の意義は生活保障の全側面に及んでいる。現在の日本人にとって生活不安の最大の要素の一つは安心できる住居の確保の困難である。失業や病気によって家賃やローンの支払いが困難になれば、忽ち路頭に迷う。安心して住める住居があれば、リストラに遇っても、老後少ない年金でもなんとか暮らせる、という思いが国民の間にある。それが人びとを社会保障代替機能としての持ち家指向に追い立てている。だが、マイホーム取得は、今日では低所得層はもとより中堅勤労階層でも容易でない。マンション、公団分譲住宅などのローン返済の停滞は深刻である。住宅金融公庫融資を受けた人の六ヶ月以上の滞納件数は、一九九五(平成七)年度一万四二〇五件、一九九九(平成一一)年度二万八一一八件、二〇〇三(平成一五)年度四万六五八二件と急増している(金融公庫資料)。このような住宅事情の下で、公営住宅は中堅勤労者層を含む低所得者層にとって唯一の頼りになっている。だが、新規建設戸数は減少する一方で、当選は僥倖に近い。

大阪府「包括外部監査結果報告書」(平成一二年度)は、一九九八年度土地・住宅統計調査を基に、

府民の公営住宅の有資格潜在需要は約二二万世帯「(総世帯数−持ち家世帯数)×〇・二五−公営住宅管理戸数＝公営住宅潜在需要」と推計している。現存する大阪府下の府営・市町村営すべてを含む公営住宅の管理戸数が約二三万戸であることを考えると、ほぼ同数の公営住宅が必要ということになる。

一九九五年、総理府「社会保障制度審議会」(隅谷三喜男会長)の村山富市総理大臣に対する勧告は、次のように日本社会における住宅事情と住宅政策の現状を厳しく批判した。

「社会保障の均衡を図るためには、些細な事故によって容易に貧困に陥るおそれのあるものに対する施策を充実させる必要がある」。その施策とは居住保障であり、憲法二五条の生存権保障の土台としての住居である。

勧告はこうも言う。「住宅・まちづくりは従来社会保障に密接に関係するとの視点が欠けていた。このため、高齢者等の住みやすさという点からみると、諸外国に比べて極めて立ち遅れている分野である。今後は可能な限りこの視点での充実に努力を注がれたい」。だが、これらの勧告は全く顧みられなかった。

少子化は日本の大きな社会問題になっている。「合計特殊出生率」は、〇三年一・二九と戦後最低になった。それは、将来の労働力・消費の減少、経済成長の鈍化、地域社会の活力低下、社会保障制度への悪影響等々、日本社会の未来と関連して、政界、財界をはじめとする多くの人びとによって危惧されている。だが、安心して子どもを産み育てるには、快適な住居、支払い可能な住居費、保育所・幼稚園・老人福祉等の社会施設、家の周りでの遊び空間や自然、通園・通学に安全で便利な居住環境、女性にとって通勤可能な職場、将来にわたる安定した所得・年金等の社会保障制度の充実、等々の条件が欠かせない。居住保障の整備なしに少子社会からの脱却は至難である。

(イ) 傷病・寝たきり化の予防、脱病院・脱施設の条件としての居住保障

また、傷病、寝たきり化の予防や、脱病院・脱施設—在宅福祉の推進にとっても居住保障は不可欠である。

医療費・介護保険費・消費税その他の諸社会保障費用の値上げの気運、自己負担の増額等々の背景には、居住条件の貧しさがある。前述の「社会保障制度審議会勧告」はこうも指摘する。「我が国の住宅は社会における豊かな生活を送るためのものとしては余りにもその水準が低く、これが高齢者や障害者などに対する社会福祉や医療費を重くしている一つの要因である」。在宅介護を困難にしている一因が過密狭小居住など住宅条件の貧しさにあること、日照、通風、空気汚染、騒音等々の悪居住環境が疾病をふやしていることは、明らかである（早川・岡本『居住福祉の論理』東京大学出版会）。

現在の社会保障・社会福祉サービス制度の多くは事後対応で、際限のない社会的費用を招きかねない。一八四八年の英国公衆衛生法は住宅政策が中心で、その背景には「チャドウイック報告」による社会的費用の削減があった。

住宅改造による高齢者介護費用の削減の例としては、九〇年東京都江戸川区の所得・補助額の上限なし、一〇〇%補助の住宅改造助成制度がある。これについて、江戸川区長は次のように報告している。「都内で特養を一つ作ると土地と施設費だけで二〇〜三〇億円以上、ランニングコストが毎月一人二五〜三〇万円。住宅改造は特養より費用が安い。一回やってしまえば、それで車いすが使えるので介護が非常に楽になる」(中里喜一区長、日本住宅会議『第一回住宅円卓会議』(一九九二年))。その後、建設省建設政策研究センター『高齢者住宅整備による介護費用軽減効果』(一九九三年)、保健婦が中心のバリアフリーを考える会『住宅改造による介護の経済効果』(一九九五年)その他の実証的報告などが発表されたが、そうした視点の住宅政策への反映は極めて不十分である(早川「高齢者介護の社会的コスト削減」福祉新聞二〇〇二年九月九日号)。

寝たきりの高齢者は痴呆になる確率も高い。厚生労働省によれば、二〇〇〇年現在、虚弱老人数一三〇万人、寝たきり老人数(寝たきりであって痴呆の者を含む)一二〇万人、要介護の痴呆性老人数二〇万人他、計二八〇万人は、二〇二五年には各二六〇万人、二三〇万人、四〇万人、計五三〇万人と推計されている(ゴールドプラン21)。

介護保険は在宅介護を目指している。しかし、狭い部屋や急な階段、衛生設備も不十分で介助機器も使えない狭小で不衛生な家屋、車の交通量も多く危険な居住地域、こうした状況の下では、少々の住宅改造やヘルパー等の援助も高齢者の行動や自立を支えられず、充分に機能しない。

政府が進める障害者の脱施設・脱病院、地域ケアへの移行計画の実現も、安住できる住居の存在が前提である。

障害を持つ人は家の安全性、広さ、快適性、居住環境等に敏感で、家賃の支払い能力も高くない。居住福祉条件が欠落したままの脱施設化は、生存、生活、健康などを保障できない。居住保障の基盤としての公的住宅の飛躍的充実が必要である。

(ウ)社会的排除の予防

憲法第一四条は「すべて国民は、法の下に平等であって、人種、信条、性別、社会的身分又は門地等により、政治的、経済的又は社会的関係において、差別されない」ことを掲げる。だが、高齢者、障害者、生保世帯、被差別部落民、在日外国人等々は家を貸してくれない、などの居住差別等を受ける場合が少なくない。後述する震災被害の大きさもその反映である。

公営住宅法第一条にはこう書かれている。「国及び地方公共団体が協力して、健康で文化的な生活を営むに足りる住宅を整備し、これを住宅に困窮する低額所得者に対して低廉な家賃で賃貸し、又は転貸することにより、国民生活の安定と社会福祉の増進に寄与することを目的とする」。

また、同和対策事業特別措置法第五条には「対象地域における生活環境の改善…を図ることによって、対象地域の住民の社会的経済的地位の向上を不当にはばむ諸要因（＝部落差別）を解消する」と書かれている。

人はなぜ貧困からの脱出、人権回復の出発点として住居をもとめるのか。同和対策事業のなかで住宅建設が突出して取り組まれ、その最先端に位置したのは、住居が生存の基盤であり、生きる意欲を引き出す拠点であり、人間の尊厳に直結するものだからである。

これらの人びとへの居住差別は偏見によるいわば「積極的社会的差別」であるが、一方劣悪な住居や居住地、公害地域、不良環境地域での居住等々の低水準居住によって、教育を受ける機会、雇用の機会、社会参加の機会、精神的・情緒的安定などが制約され、低い所得と低い教育水準と心身の不健康が現れやすい。その結果として、「社会的排除」が現象する。居住の状態と社会的排除とは密接な関係がある。居住保障は「法の下の平等」実現の根底に横たわる必要条件である。

一九八一年五月ロンドンで、筆者も参加した日英仏による国際住宅都市問題研究会議が開かれたとき、バーミンガム大学アラン・ミューリ教授（現）は英国における公営住宅の意義をこう評価した。「公共住宅の建設がイギリスの住宅建設の中で大きな役割を果たしてきたことは大きな功績です。自由市場でマイホームを持てない人びとが、ある程度質のよい住宅に住め、その結果、祖父から父、父から子、孫まで代々つきまとってきた貧しい住まいから脱出できるようになった点は大きく評価しなければなりません」(篠塚昭次・早川和男・宮本憲一『都市の再生』一九八三年)。

3　防災対策の基本は公的居住の保障にある

一九九五年一月一七日の阪神・淡路大震災での地震による直接の死者は五五〇二人に上るが、その八八%は家屋の倒壊による圧死・窒息死で、一〇%の焼死者も家が倒れなければ逃げられた。震災は「住宅災害」であった。犠牲には階層性があった。第一は高齢者で、犠牲者の五三・一%は六〇歳以上、三三・七%は七〇歳以上、「高齢者災害」でもあった。高齢者は住み慣れた街と家に住み続けたいと願っているが、年金暮らしでは老朽化した狭い家しか借りられない。持ち家でも、家の大小を問わず維持補修の不十分な家屋が多い。政府は後述するゴールドプランや介護保険などで高齢者福祉の基本を在宅福祉においている。その方向は正しいが、住宅が現状のままの在宅福祉は高齢者の生命を危うくする。

犠牲は低所得者でも多かった。例えば、神戸市民一般の死亡率〇・二六%に対し生活保護世帯の死亡率は一・二四%で、約五倍弱である。障害者の被災も深刻であった。身体障害者の死者の数は二〇〇人(うち神戸市一一八人)、知的障害者のそれは一八人(同一二人)合計二一八人(同一三〇人)に上る。障害者は古い木造住宅しか貸してもらえない。死亡者の多くは繁華街のこみいった道の奥の古くて安い木造の治療院というようなところに住み、あんま、はり、きゅうなどで生計をたてていた。その家屋や職場が壊れて圧死したというケースがほとんどであった(「ガレキの中の障害者」全障研兵庫支部、一九九五年)。障害者は災害時の対応が困難である。車椅子では倒れた家から逃げられない。肢体不自由者・視覚障害者は動けない。聴覚障害者は助けの声も聞こえない。

被差別部落住民の犠牲も大きかった。神戸市では、同和対策事業による住宅地区改良事業や小集落改良事業の指定範囲は極めて小さく、これらの事業は部落のなかの一部でしか行われなかった。その結果、指定地区以外の木造・老朽住宅はほぼ全壊し、地域は壊滅状態に追い込まれた。指定区域内でも事業からとり残された老朽住宅が存在し、既設の改良住宅でさえ抜本的な補強、建て替えの必要があったにもかかわらず、それが放置されていた。そうしたところが大きな被害を受けた。例えば灘区都賀地区では地区内全住宅の九〇％にあたる五一〇戸が全半壊、死者二〇人、五二〇世帯、一二四〇人が避難した(三月二八日、神戸市調査)。

西宮市の被差別部落である芦原地区でも、地区内の住環境の整備や改善は「市政の問題点」などで、たびたび指摘されていたにもかかわらず、それが放置されてきた。その結果、全半壊は地域の五二・三％をしめる一四九九戸で、その比率は市全体の一・四倍であった。また、震災による地区内の死亡者数は八七人、率にして二％、それは、市全体の七倍にも上った。

そのほか、在日外国人等々、日常低水準居住と居住差別を受けている人びとに犠牲者が多かった。

これらは、戦後の住宅政策が市場原理中心で、自助努力による住宅の確保を余儀なくされてきた結果である。所得の多い者は安全な家を建てられるが中低所得層は低水準居住を強いられる。戦後の市場原理の住宅政策は全国津々浦々に低水準・過密・危険住宅を累積させた。防災の基本は、安全な住宅を保障する住宅政策にあり、そこでの住宅の公的保障の役割はきわめて大きい。これこそは、震災の最大の教訓であった。それにも拘わらず、それらは、行政によって受け止められてはいない。震災直後の九五年六月、後述する(2)―2）住宅宅地審議会は〝公的支援中心から市場原理に力を移すこと〟を答申している。しかも、当時の笹山幸俊市長が臨時委員に就いているのである。被災地の首長として不見識というほかない。

全国的に大地震が予測されている現在、防災対策は、住民の生命と生活を守るためになくてはならないものである。その基本は、現存する住宅の安全化と、低水準住宅が再生産されない方向に住宅政策が転換されることにある。とりわけ高齢・障害・低所得・被差別部落住民等々にとってその中心は公営住宅である。因みに、公営住宅（一般公営住宅）は、一部損壊はあったものの全半壊はほとんどなく、地震による犠牲者は皆無であった。また、公共住宅団地は日常的には住宅供給、子どもの遊び場、老人・主婦などの憩い、オープンスペース・緑陰の提供、大気の清浄化、静けさ等々、地域社会の居住環境資源としての役割を果たす。と同時に、災害時には延焼の防止、避難拠点、空き家による被災者救済、将来の高齢社会のニーズに応えた福祉施設設置の可能性等々の役割を果たし得る。阪神大震災・三宅島噴火避難者等々にも空き家が提供され住居が確保された。それは民間借家や持ち家では困難である。

4 「居住の権利」確立と「強制立ち退き」の全面的禁止にむかう世界の動き

居住保障は基本的人権であり、政府がその責務を有するという認識は、二〇世紀後半から国際的な諸機関、諸条約、諸会議等々を通じて繰り返し強調されてきたものである。そのいくつかをあげてみる。

(ア)「居住の権利宣言」を採択した国連第二回人間居住会議

一九九六年六月トルコのイスタンブールで開かれた第二回国連人間居住会議（ハビタットⅡ）は「居住の権利宣言」を採択し、「住居は基本的人権の基礎である」と明記した。内容の骨子は、①「居住の権利」を独立した権利概念として国際文書で示す。②各国政府は「居住の権利」を完全かつ漸進的に実現する義務を負う。③持続可能な人間居住の実現を図る。④居住者参加と国際連帯、などであった。この宣言は、前述の世界的な難民やホームレス、とりわけ女性、子ども、高齢者、障害者、マイノリティ、開発途上国等々の人々の劣悪かつ深刻な居住条件や居住差別、居住権侵害への政府の対応義務が、その中心に座っている。むろん宣言の採択には日本国政府も加わった。

（イ）国際人権規約委員会の日本政府への勧告

一九四八年国連総会は「世界人権宣言」二五条一項で「衣食住を含む充分な生活を享受する権利」を定め、一九六六年国連総会はこれに法的拘束力を持たせるため「国際人権規約」を採択、日本は一九七九年九月二一日批准した。政府はこの規約に定められた権利の実施状況を五年ごとに国連に報告する義務を負っている。

日本の第二回定期報告に対し、経済的、社会的及び文化的権利に関する（社会権規約）委員会は、二〇〇一年八月三〇日最終見解を採択し、日本政府に対する「E．提言及び勧告」として次の点をあげている。「四〇．委員会は、締約国（日本）に対し、部落の人々、沖縄の人々、先住性のあるアイヌの人々を含む日本社会におけるすべての少数者集団に対する、法律上及び事実上の差別、特に雇用、住宅及び教育の分野における差別をなくすために、引き続き必要な措置をとることを勧告する」。日本政府の住宅政策への無責任は、国際機関の定める生存権保障の怠慢のみならず、様々の差別の遠因となっていることを示している。

（ウ）「強制立ち退き」を禁止する世界の動き――「一般意見書第四」

国際人権規約は強制退去の禁止を厳格に規定している。

社会権規約一一条は「適切な生活水準の権利」を掲げ、その中に「適切な居住の権利」を定めている。以下、この規約の意義と「強制退去の禁止」などを、熊野勝之弁護士の論稿に拠りながら述べる（熊野「居住福祉における強制立ち退きの位置」『居住福祉研究第二号』二〇〇四・五）。

居住の権利には様々な側面があるが、ともかく、現在ある「居住」に対する侵害を防止することは、「居住福祉」の最低の条件である。一九九一年、委員会は他の社会権規約に先駆けて「適切な居住の権利」に関する一般意見書第四を発表し、そこで、「強制立ち退き」の問題を大きく取り上げた。「強制立ち退き」は人権侵害性が極めて強い行為であり人間の尊厳をこの上なく損なうものである。このことは、委員会がそれを強く認識し、かつ「強制立ち退き」への対応が急を要する課題と考えていることを、示している。

一般的意見書第四では、その八項で、「適切な居住の権利」の内容を具体的にあげている。そこでは、その第一に「占有の法的保障」をあげ、こう述べている。「占有には、公的・私的賃貸、自己所有、避難所、土地や財産の占拠を含む非公式の定住など様々な形態がある。すべての人は占有の形態いかんに拘わらず強制立ち退き、嫌がらせ、その他の脅しに対し、法的保護を保障する一定程度の占有の保障を持つべきである。政府は、影響を受ける人々、世帯との真正な協議によって、現在これらの保護を欠いている人々に対し、法的な占有の保障を与える緊急の措置をとらねばならない。

災害、倒産、疾病、心身の障害など自分の責任でない原因によって住む場所を持つことができなくなった人々に対して、国家は住居へのアクセスを保障すべきであり、国家がその責任を果たしていないためにホームレス状態になっている人々を、現に占有している場所から代替の住居を提供することなく強制立ち退きさせてはならない。

委員会は、居住の権利が侵害されようとしている場合の国内法による救済手段として少なくとも五項目があり、その第一は裁判所の命令による立ち退き・解体の執行停止を求める不服申し立てである」（一七項a）と述べている。すなわち、ひとまず強制立ち退きの執行を停止して、立ち退きを正当化しうる条件を備えているか検討せよ、というのが委員会の考えである。また、「強制立ち退きは明らかに規約の要請と一致せず、極めて例外的状況の下で、関連する国際法の諸原則に一致する場合にのみ正当なものと考える」（一八項）と述べて、強制立ち退きがいかに社会権規約に反するかを強調している。

(2)新公営住宅法の性格と矛盾

1　生きる意欲の基盤としての公営住宅

(ア) 社会的にコントロールされた欧米の応能応益制度

西欧諸国における公的住宅の家賃は応能制度によると言える。だがそれは、一定収入以下の人たちの家賃の減免を充実させるための制度であって、「高額所得」の居住者を追い立てるためではない。原理的には、例えば以下で述べるイギリスの公共住宅の家賃減免制度がそれにあたる。

これを見ると、例えば四人家族で収入が毎週二二、七五〇円（月収換算九一、〇〇〇円）で、家賃が週に七、〇〇〇円（月額家賃二八、〇〇〇円）の場合は、七、〇〇〇円－五、八八三円＝一、一一七円（月額家賃四、四六八円）の家賃を払うだけでよい。

その他、欧米諸国の応能家賃制度は第一に、前提として家賃規制（アメリカ）フェアレント（公

表9　イギリスの家賃減額・住宅手当(1)
（週当たり一ポンド 250 円で換算 、1986 年ロンドン）

	収入	家賃		
		4,250 円	5,250 円	6,250 円
単身者(2)	15,250 円	1,712 円減額	2,590 円減額	3,562 円減額
	20,000 円	225 円 〃	1,102 円 〃	2,072 円 〃
	収入	家賃		
		5,000 円	6,000 円	7,000 円
2 人家族	17,750 円	3,327 円減額	4,297 円減額	5,270 円減額
	22,750 円	1,760 円 〃	2,732 円 〃	3,705 円 〃
	26,250 円	665 円 〃	1,635 円 〃	2,607 円 〃
4 人家族(3)	22,750 円	3,943 円減額	4,913 円減額	5,883 円減額
	27,750 円	2,465 円 〃	3,435 円 〃	4,405 円 〃
	32,750 円	900 円 〃	1,870 円 〃	2,840 円 〃

注 (1) 公営住宅は家賃が減額され、民間借家には住宅手当が支給される。
(2) たよるべき子どものいない単身者
(3) 片親と子ども二人の場合を含む
出典：早川『住宅憲章』岩波書店

平家賃制度、英国）など全国的な市場家賃のコントロールを採用した上で成り立っている。日本の市場家賃は全くの自由放任家賃であり、地価規制、家賃規制もない。人口集中地区の家賃は需給関係で高騰している。全般的に住宅価格の高い日本において応能応益制を導入し、少し所得が上がったからといって退去命令をだし住居を市場で得よ、というのでは大量の住宅困窮者が出ることになる。そして、公営住宅は救貧施設化する。これは住宅政策の理念に反するものである。

第二に、応能応益制度で超過所得者を退去させると、残るのは所得能力がないか低い高齢者、障害者、病人等々に限定されてしまう。それによって、公営住宅は「社会的弱者」と呼ばれる人々の集団となる。集合住宅の階段、廊下などの共同部分の清掃、各戸のゴミ出しなどを一人でできない人、自治会活動、コミュニティ活動のできない人を集める結果になり、住宅棟、団地の管理ができなくなる。ノーマライゼーションの理念に反し、新たな差別が生みだされ、社会的排除につながる。政策が差別をつくりだすことになる。これでは、居住の権利を奪い、後述する新聞記事に紹介されたような事態を生じさせ、居住者の生存と生活を脅かし、居住環境を荒廃に追い込む。

（イ）生活保護と公営住宅の違い

行政当局者の解釈によると、応能家賃制度の論拠として公営住宅と生活保護の類似性をあげる。「公営住宅の低家賃は民間市場家賃よりも低廉なものであり、その低廉性を実現・維持するために、国からの補助など公的な財政支出がなされている。とすれば、低廉な家賃で公営住宅に居住していることは、経済的に見れば公的給付を受けていることと同視できる。…収入申告のない以上、民間市場家賃としての近傍同種の住宅の家賃が課される」として、生活保護法第七条を例にあげている（住本靖「新公営住宅法逐条解説」平成九年、七七頁）。しかし、それは公営住宅への認識を誤っており、その運用を歪曲するものである。

即ち、生活保護と公営住宅の意義には大きな差異が存在する。生活保護法は、「日本国憲法第二五条に規定する理念に基づき、国が生活に困窮するすべての国民に対し、その困窮の程度に応じ、必要な保護を行い、その最低限度の生活を保障すると共に、その自立を助長することを目的とする」とし、「この法律により保障される最低限度の生活は、健康で文化的な生活水準を維持することができるものでなければならず」（第三条）、その保護は無差別平等にうけることができるとしている。

それに対し公営住宅は、単に生存権保障の基盤であるだけでなく、それによって「健康で文化的な」生活を実現する土台をなすものである。公営住宅法第一条を一部再掲するなら「国民生活の安定と社会福祉の増進に寄与すること」が目的である。

ここには明確な差異が認められる。生活保護は「健康で文化的な最低限度の生活を保障する」ものである。むろん「最低限度の生活」はその時代の国民一般の生活水準に応じたものとなるのだろう。しかし公営住宅は「生活の安定と社会福祉の増進」が法の目的である。ここにいう生活の安定とは、前者が「防衛的生存権」とでもいうなら後者は「積極的生存権」である。

生活保護は被給付者の資産、貯蓄、扶養親族などを詳細に調べ上げ、最低生活水準の維持に扶助を限定し、自立生活の可能性や生活水準の発展を抑制している。労働能力のない人しか受給できず、努力し働いて生活が良くなっていく人を払拭し、自立できない人を固定化し、「最低生活」を保障する。金銭援助だけで生活できない人には住居そのものを救護施設として保障し、居宅保護として管理人が付く。救護施設は生活保護水準の人でないと入れない。

これに対して公営住宅の場合、そこに居住することで居住条件が改善し所得が向上した者を「高額所得者」と称して退去させることは、生活保護と同じく公営住宅を施設化する発想で、時代の流れへの逆行であり、政府が意図するノーマライゼーション（後述(2)－5）に反する制度である。公営住宅は地域社会の中のいろいろな人が入れることでノーマライゼーションが達成できる。住宅政策当局部は公営住宅を救護施設化しようとしている。しかし、公営住宅は救護施設と同じではない。社会的弱者のみが集まることになれば、法の目的である健康で文化的な生活は実現できない。その結果、公営住宅はケアと管理のない施設と化し、それ自体が前述の社会的排除を作り出す存在となる。

(ウ) 生活向上の基盤としての公営住宅

公営住宅法の源流ともいえる「住宅都市計画法」が英国で提案された際、ジョン・バーンズ地方自治庁長官は次のように説明している(一九〇九年)。「この法案は、個人の健康・道徳・性格・全体的な社会環境等が改良されるための社会的条件を作り出すことを目的としている。この法案は、要約すれば、健康な家庭、美しい住宅、快適な街、威厳のある郊外地を作り出すことを目的としている」(『英国の都市農村計画法』久保田誠三監訳、一九五二年)。

元内務省地方局長、飯沼一省(後に都市計画協会会長)は、この訳書に次のような解説を寄せている。「英国の都市計画(及び住宅)法は市民をスラムから解放して市民生活をもっと健康な楽しいものにし、庶民の味方となって家庭を保護し、庶民の生活条件を改善するための結晶である。ゆえに英国の都市計画はアーキテクト、シビルエンジニアである前にソーシアル・リフォーマーといわれる人たちの仕事であり、これらの人々の情熱によって力強く推進された。日本がお役所から下民に与えられた制度であるのに反し、英国は民主主義の下で庶民生活の中から生み出した知恵である」(前掲書)。

快適な住宅に入居することで健康、家庭の調和、子供の発達、労働による疲労の回復、老後の安息などが保障され、労働意欲が向上し、教育、学習のインセンティブが高まり、積極的な社会参加意欲が生まれ、収入が増え、生活の向上が可能になる。「居は気を移す」(孟子)である。公営住宅に限らず、住宅政策にはこのような役割が期待されている。

一九四四年一一月二九日、イギリスのチャーチル首相は、すでに戦後の復興のありかたに目を向け、国土の復興は家庭の復興から行わねばならぬこと、家庭の復興は生活の根拠である住宅の供給にあることを力説した(『住宅貧乏物語』)が、これはそうした住居の意義を良く表している。紀元前二世紀、前漢時代の中国に「安居楽業」という考えがあった。「安んじて住み生活し生業を楽しむ」ことが人間の生きる意義であり政治の根幹、という意味である。

わが国では、一九五一年に「欧米諸国と同じように、低額所得者を対象とする公営住宅の供給を恒久的な国策とする」趣旨で、「イギリスのシャフツベリー法、欧米の立法例を参考に」公営住宅法を制定した。それはとりもなおさず、上記の思想にもとづくものである(「改正公営住宅法解説」建設省住宅局住宅総務課長竹内藤男著、一九五九年、三頁)。

公営住宅を、最低生活を保障する生活保護と同じように位置づけるのは、同法の立法精神と根本的理念を踏みにじるものであり、間違いである。また、前述のノーマライゼーションの理念に反するものである。

安居(居住福祉)が実現することで、人生を開花させる出発点とならなければならない。そうでなければ、公営住宅居住者は最低生活水準に押し込められ、ゲットー暮らしに止められることになる。それは、住宅政策の本義から外れている。公営住宅へ入居することで生活が向上することこそ法の目的といわねばならない。「住居は人間生存・人間発達の基本的基盤である」。

2　事実に反する審議会答申と新法

一九九五年六月住宅宅地審議会は、「新しい住宅政策の体系」として「〝国、地方公共団体等の公的主体による直接供給、公的支援を中心とするこれまでの住宅政策体系〟を改め、市場原理に力点を移す」ように答申した。この答申に沿うかたちで一九九六年六月、公営住宅法が改正された。つまり新法は〝住宅政策を公的住宅中心から市場原理に移す〟という答申に従ったものである。新公営住宅法の検討は審議会答申の吟味にさかのぼらざるをえない。

第一に、日本の住宅政策が「公的支援中心であった」というような認識は著しく事実に反する。戦後の英国は公的住宅政策に力を入れ、一九七八年全住宅に占める公的住宅の割合は約三三％になった。旧西ドイツは一九五一年から七八年の間に建設された住宅の四二％は無利子一〇〇年返済の融資による社会住宅であった。英国ではサッチャー政権による政策後退で二〇〇〇年には公的住宅ストックの割合は約二二％にまで低下し、それが多くの矛盾を露呈していることは前述のとおりだが、それでも二〇％以上存在する。他のヨーロッパ諸国も制度の違いがあるものの一般に公的住宅が一五％以下という国は存在しない（オランダ四〇・二％、スウェーデン二二・〇％、ドイツ一五・〇％、フランス一四・五％など、一九九六年現在）。それが住居のナショナル・ミニマムの保障に貢献した。我が国の公営四・八％、公団二％、計六・八％（一九九八年現在）という数字は「公的住宅中心」などと言えたものでない。診断が誤れば処方箋も誤ることになる。

誤った答申に根差した新公営住宅法は、公営住宅法の立法精神を歪め、全く異質の内容となった。制度は時代の課題、国民生活のニーズ等に応じて変更が必要になることがある。だが、新公営住宅法の場合は全くそういった必然性がない。旧法成立の精神に反し、住宅政策には全くなじまない市場原理を導入し、建設戸数を減らし、政府・自治体が、その責務から逃れることを目指している。これは前述の一層強まりつつある居住保障の全面的展開の社会的要請に逆行するものである。

新法が掲げる「応能応益家賃制度」は公営住宅の使命とは掛け離れたものである。新法は公営住宅入居資格を二五％以下に抑制し、必要戸数を減少させ、新規供給を中止し、公的住宅政策を居住の公的保障でなく救貧事業に留めるものにほかならない。

3　強制退去を必然化する新公営住宅法

（ア）応能応益家賃制度の弊害—強制退去

応能応益家賃制度は強制退去を必然化させる。それは、現代社会—日本国内外の世論、政府、国際法が最も忌避しているところである。

強制移転とは、本人の意に反して、居住者の家財道具一切が運び出され、解体され、家族ともども、それまで住んでいた住居から追い立てられることである。人間にとって住居を奪われること以上に恐ろしいことはない。それが人間にとってどれほど過酷なものであるか。後述するが、公営住宅から強制退去され、ホームレスとなった人達がいる。また、そこまでいたらなかったとしても、二〇年~三〇年間、住み慣れた所から、引きはがされるようにして追い立てられた人達もいる。少なくとも強制退去は、本人の意に反し、住み慣れた場所から、強制的な移転を強いるものである。

転居は、たとえ強制的なものではなくとも、それが心身にあたえる影響は全世代にわたる。その弊害は居住期間がながく生活の地域社会への依存度・密着度が高いほど大きい。だから、高齢者・子供・主婦などに深刻な問題として現れる。転倒などの家庭内事故や寝たきり化も転居による生活環境の急変や新しい住居の不慣れによって起こることが多い、というのは今日では常識となっている。隣人を失うことで療養が困難になったり、ときには痴呆を誘発したり、直接死にむすびつくこともある。（『住宅貧乏物語』『居住福祉』）

阪神・淡路大震災の仮設住宅は山の中や人工島など住み慣れた街から切り離されたことが孤独

死や自殺の大きな原因であったと見られている。

ピューリッツァー賞を受けたこともある国際長寿米国センター理事長ロバート・バトラー博士は老後の転居による弊害をこう書いている。

「老人を住み慣れた環境から追い立てることは、実際に身体と感情の危険を伴う。多くの調査が、引っ越し、とくに突然の引っ越しは、老人の場合に病気と死亡の起爆剤になりかねないことを示している。全く新しい環境に慣れるのはストレスを伴い、それが疲労や気持ちの落ち込む原因になることもある。耳がよく聞こえなかったり、目がよく見えなかったり、体の平衡感覚が衰えていたり、体が弱っていたり、または若干ぼけていたりした場合、慣れていない住居は危険である。老人はこのような潜在的な困難や問題を直感的に感じ、自分の住み慣れた家にできるだけ住んでいたいという希望として表れることがよくある」(『老後はなぜ悲劇なのか—アメリカの老人たちの生活』内薗耕二監訳)。

国連人権委員会は一九九三年／七号「強制立ち退きに関する決議」を日本政府を含めた五三ヶ国満場一致で採択した。決議には、「強制立ち退きなる行為は、人や家族や集団を無理やりに家庭やコミュニティから連れ去ることによってホームレス状態を悪化させ、住居と生活条件を劣悪にするものであることを認識し、また強制立ち退きとホームレス問題は社会的な対立と不平等を先鋭化し、常に社会の中で最も貧しくまた社会的・環境的・政治的に最も不遇で弱い立場にある人々に対して影響するものであることを懸念し、強制立ち退きを防ぐ究極の法的責任は政府にあることを強調する」とある。公営住宅の数を限りなく少なくし、公平性の議論によって入居者を制限するならば、生存権としての居住保障に対する国の責務の完全な放棄につながり、限りない強制退去などの社会的弊害を発生させる。

（イ）新公営住宅法の犠牲者たち

新法施行の結果公営住宅団地ではどのようなことが起きているか。例えば、朝日新聞（一九九九年一二月二〇日〜二四日）は、九六年六月の新公営住宅法施行後わずか三年の間に生じた居住者の悲劇性を次のように報じている。

高額所得を理由に明け渡しを求められたSさんの話。「母はみるみる弱っていった。団地にいた三月には、芝生のゴミ拾いをしながら友達と雑談し、一人で病院に通って、待合室で井戸端会議を楽しんでいた。Sさんは一九六〇年、小学校六年生のとき、両親と共に大阪府高槻市の府営住宅に引っ越してきた。娘二人は団地で生まれ育ち嫁いだ。昨年四月、明け渡しを求める〝勧告書〟が届いた。共働きで年収は約一〇〇〇万円、〝高額所得者〟と認定されたのだ。九九年一〇月までに退去しなければ、同じレベルの民間マンション家賃の倍額を払わなければならない。とても負担できる額ではない。〝私はここにおれるんでしょ〟。母は不安そうに尋ねた。三〇数年暮らし、夫と死別し、〝終のすみ家〟と信じていた。Sさんは管理事務所に足を運んだ。〝八〇歳で引っ越しさせるのは忍びない。病院も一人で通ってるんです。家賃は民間並に払うから、母だけでも置いて下さい。〟だが、答えは〝無理です〟だった。府住宅管理課は〝高額所得を外れるための世帯分離は認められない〟と説明する。」

しかし、公営住宅法では世帯認定は生活保護法の規定を準用しており、八〇歳の母を置いて転居し母は生活保護を受けることは法的に可能で分離家族に扶養義務は発生しないというのが、一般的適応である。

大阪府堺市の府営住宅に住むIさん(五六歳)宅に今夏、来年三月までに明け渡しを要求する「勧告書」が届いた。三人暮らしで夫と息子の収入合計が約七〇〇〇万円、「高額所得者」になったのだ。夫は従業員二〇人余りの中小企業に勤め、年収はずっと三〇〇〇万円前後。子供四人を抱え、高校の授業料は免除され、生活保護の医療扶助も受けていた。三人の子が独立、ここ五、六年で年収六〇〇〇万円ほどに増え、「ようやく楽になった」と思ったところだった。収入は増えたが、蓄えはない。五年後は夫が定年。」この記事に記者は〝世帯合算、八〇歳の母も追われ〟と見出しをつけた。

団地の荒廃も甚だしい。「大阪府S市の府営住宅。自治会長(四〇歳)は『生活保護世帯などを差別する傾向がこの二年ほど強まり、すさんでいます。』と嘆いた。…三年前の公営住宅法改正以後、〝高額所得者〟とされた四、五〇歳代が出ていったからだ。」「七七年から入居が始まったK市のニュータウン。かつては『整然とレイアウトされた理想の住環境だった。』夜、市営住宅の一角を訪ねた。…落書きだらけのエレベーターで一一階に昇ると、ホールや廊下に自転車やバイクが並んでいた。盗難が多くて駐輪場に置けないのだ。ベランダなどの手すりはさびて『壊れそうでこわい』という声もあがっているという。Oさんの住む棟でも高齢化で廊下の電灯の交換や清掃当番をこなせない人が増え」た。「法改正で〝福祉住宅〟〝救貧住宅〟の性格が強まり、問題はより深刻化している」。

居住の安定を図る公営住宅の供給はこのような事態を防ぐために存在しているのに、それとは逆行している。行政当局が主張する法改正の根拠としての「高額所得者に出ていってもらって、住宅に真に困窮している障害者や高齢者が入居できるようにする」という発想は根本的に間違っている。これは、公営住宅、ひいては住宅政策の本質を見失った視野狭窄の論議である。いかなる理由によるものであれ強制退去させられることの弊害は極めて深刻である。住宅政策はそれを前提に策定しなければならない。上記行政当局の主張は超高齢社会に向かっている日本の現状では、時代認識の欠如と言うほかなく、後述する日本政府の大きな方針にも反している。

4　目をみはる家賃の高騰と家賃収納率の著しい低下

公営住宅法が改定されてから、各地方自治体に大きな変化が見られるようになった。ひとつは、驚くべき家賃の高騰と、それにともなう収納率の著しい低下である。

家賃の値上げは率にすると、例えば寝屋川市の国守住宅では、最大「一七・八一倍」（一審判決文より）で、八尾市西郡住宅でも、最大七・八倍である。値上げ幅も、先の八尾市西郡住宅では最大六万五〇〇〇円である。これほどの値上げは他に例を見ない。

それにともない家賃収納率は著しく低下している。

例えば奈良県橿原市では、新公営住宅法が制定される以前一九九七年の家賃収納率は九七・六％、その前年も九七・九％で、ほとんどの世帯が家賃を支払っていた。ところが、新公営住宅法が導入された一九九八年には、五九・三％と、収納率は約半分にまで低下し、その後、一九九九年には三七・七％、二〇〇〇年二八・九％、二〇〇一年二二・八％、二〇〇二年二一・七％と急速に低下している。

また、八尾市の一般公営住宅では、新法導入以前の九七年の家賃収納率は九四％であった。ところが新法が導入されて以降、九八年には八四％、九九年は六六・三％、と毎年、家賃収納率は低下し、二〇〇二年には、四六・四％と、半数を切ってしまった。兵庫県西宮市でも、新法導入前は、八五％あった収納率が、新法導入三年後には、八〇％に下落した。

同和向け住宅の場合は、いっそう顕著である。前述の八尾市西郡地区の場合、新法導入以前の九七年には九二・四％、その前年は九四・六％であった。それが新法が導入された九八年には七七・三％、九九年は五二・五％、二〇〇〇年は四五・七％、二〇〇一年は三六・六％、二〇〇二年は三四・八％まで低下した。

これらは、新法による値上げで家賃支払いが困難になっていること、いいかえれば新法が破綻していることを示している。

もうひとつは、こうした収納率の低下とあいまって、行政による強制的なとりたてや明け渡し訴訟が激発していることである。

例えば、西宮市では、二〇〇二年「家賃滞納対策室」が、〇三年にはプロジェクトチームが設置され、「滞納額が三〇万以下の場合は六ヶ月以内に全額を、それ以上の場合には一年以内に三〇万円を、残額を一年以内に納める。」という徴収基準が決められた（神戸新聞〇二年一一月二三日）。ほどなく「一三ヶ月以上か三〇万円以上の滞納で住宅の明け渡しを求める」というチラシが全戸に配布され、現在、家賃滞納者に対する強制的なとりたてや強制執行が進められている、という。八尾市でも、二〇〇三年一二月市議会で「家賃滞納問題」に関し、行政は「負担の公平性の観点からも最重要課題視し、法的措置を視野に入れた取り組みを強化する」と答弁、翌年の春「悪質滞納者」のレッテルを貼られた住民の提訴が可決された。

5　阪神大震災被災者にも災厄が及ぶ新公営住宅法

これらのことを、最も端的に示しているのが、神戸市の対応である。○二年一月一六日付け神戸新聞によると、神戸市が一九九五年一月一七日以降に復興市営住宅に入居した四万五五○○人を対象に調べた結果、○一年四月～一二月の孤独死は三五人、過去最高の二○○○年度の四七人と同じペースで、一般の市営住宅の一人暮らしと比べると、孤独死の発生比率は二倍近くに達している。一方、家賃滞納訴訟について、震災後に被災者向けに建設されたり、公団や民間から借り上げた約一万七○○○戸を対象に調査したところ、訴訟件数は九六年～九八年度は三年間で六七件だった。が、九九年度は八○件、二○○○年度も八八件、○一年度は一二月までで一一○件に達し、増加の一途を辿っている。

同じく○三年二月九日付け神戸新聞によると、神戸市営住宅で家賃滞納に伴う強制退去が増え、二○○二年度に退去を強制執行された件数は、阪神・淡路大震災以降最高となった。

同市営住宅の入居戸数は二○○三年一月現在約五万一四○○戸あり、滞納率は約一八％である。

他の市に比べて滞納率が低いのは、強制退去がそれだけ激しく進んでいることを示している。震災後、退去を求める強制執行の件数は八〇、九〇件台で推移してきたが、〇一年度は一四二件に増え、〇二年度は一二月末までにすでに一五三件に上った。このうち、一一九世帯は強制執行時に所在不明で、残りが知人宅などに転居しているという。当事者や支援者は「不況による失業や病気で滞納に至る人が大半で、震災で住まいをなくした人が二度も家を失わないよう、住み続けられるようにしてほしい」と訴えている。

神戸市は、家賃は収入や健康状態、被災状況に応じて減免しているが、滞納に伴って減免を取り消すケースがあり、こうした対応が強制退去をよりいっそう増加させている。

「Aさん（男、六六歳）は中央区の復興公営住宅に家賃減免を受け月一万七千円で住んでいた。造船業の下請けの仕事が減り、滞納したところ、市は市営住宅条例施行規則に基づき減免を取り消し、Aさんに本来家賃、約四万四千円を適用。一年後には〝近傍同種家賃〟の約八万円を適用。求められた家賃は減免時の五倍近くとなり、最終的な請求額は二年分で九八万円余りになった。これについて同市住宅局は〝収入などを考慮し、あらかじめ減免しており、滞納がある以上、信頼関係は続けられない〟と説明。滞納分の一括納入に関しては〝早い段階なら分割の相談にも応じている。市街地の市営住宅は多くの入居待ちがあり、きちんと払っている入居者との公平性も考えねばならない〟という。」

「Aさんは、下請けの仕事が減り、滞納を続けた」とあり、少なくともこの時点で、「Aさん」には極度の生活苦や借財が重くのしかかっていたことは、容易にうかがい知ることができる。このような事態に対する国の方針は、憲法二五条に基づき、そこからの救済と保護、生活と住居の安定の確保が基本である。この方針に基づき、例えば厚生省は、生活保護需給者の公営住宅の家賃について「第二種公営住宅又はこれに準じる公営の低家賃住宅に入居している被保護者に対して…被保護者に対する家賃及び敷金の減免措置を講じるよう格段の配慮を煩わしたい」との通達を出している（昭和四四年一二月八日「公営住宅に入居している被保護者に対する家賃及び敷金減免措置について」厚生省＝現厚生労働省社会局援護保護課課長名社保第二七七号通知）。

すでに減免を認められており、その原因である生活苦等がなんら解消されず、よりひどくなっている入居者に対して、減免を取り消すという神戸市の上記措置は、国の基本方針に反している。神戸市は、家賃減免の取り消しの根拠を示す必要がある。行政措置ですまされる問題ではない。低所得減免であればそのままにしておくことが必要、と考える自治体は多い。例えば、県営住宅の家賃滞納率は約一〇％（復興住宅では約一二％、ともに〇一年度末）であるが、滞納者に対する減免取り消しは制度上はあるが「例がないのでは」（県住宅管理室）という。前述の西宮市でさえも、減免取り消しの例はない。明け渡し訴訟に関しても、自治体によっては、生活保護世帯と同様の収入しかない場合は滞納があっても裁判対象から外している。理由は「公営住宅は低所得世帯を対象としているから」という。

それにしても、「公平性を欠く」とは何という言い草であろうか。家、家族、仕事を失った被災者も少なくない。そういう人たちが生きることを支えるのが復興公営住宅の使命である。だが、神戸市当局には血も涙もない。「苛政は虎より猛し」とはこのことであろう。だが、その背景には新家賃制度が色濃く反映していることが読み取れる。

6　「在宅福祉・居住の継続」は日本政府の方針

高齢者などが住み慣れた町と家でコミュニティを維持しながら住み続けるという「ノーマライゼーション」の原則は今日世界共通の認識であり、日本政府も様々の方法でその実現に努めている。

例えば、『今後五カ年の高齢者保健福祉施策の方向―ゴールドプラン21』(大蔵・厚生・自治の三大臣の合意)の中心課題はノーマライゼーションである。即ち、「高齢者保健福祉施策を充実していくため、これまで、ゴールドプラン及び新ゴールドプランを策定し必要な取り組みを進めてきましたが、平成一二年度から介護保険制度が実施されることなどを踏まえ、平成一一年一二月に新たに次のような施策を掲げる。」として「高齢者の尊厳の確保と自立支援」「在宅福祉を基本理念として、必要な在宅福祉サービス基盤の整備を進めること」がその中心であると述べ、「すべての高齢者及び家族が住み慣れた地域で生きがいをもって暮らせるためには、地域において介護にとどまらず、生活全般にわたる支援体制を整備していく必要がある。このためには、人と人のつながりが希薄化する現代にあって、高齢者を取り巻く地域社会が果たすべき支え合い（共助）の役割を評価し直すことが求められる」と、ノーマライゼーションの理念を述べている。

また、内閣府『平成一六年版高齢者白書—今後五カ年間の高齢者保健福祉施策の方向』は、ノーマライゼーションを基本的な考え方とし、様々の施策方針を述べている。まず、「高齢者に配慮したまちづくりの総合的な推進」として「高齢者が地域社会の中で安心して生活できるよう、地方公共団体が行う高齢社会に対応した地域社会の形成に関する基本計画の策定を促進する」と述べ、「高齢者が居住する住宅の設計に係わる指針」では、「高齢者が居住する住宅において、加齢等に伴って身体機能の低下が生じた場合にも、高齢者がそのまま住み続けるような住宅の設計に関する指針を定める」とある。さらに、在宅福祉を目標に含む地域福祉計画の策定、介護保険によるヘルパーその他の在宅介護条件の充実、住宅改造費用の援助等々が掲げられている。これらはすべて在宅福祉の重視を高齢者福祉の基本としている。

現在日本政府が力を入れているのは、知的・精神障害者が施設や病院に残らず、地域に戻り一般市民の中で生活できるようにする脱施設化・地域ケア、即ちノーマライゼーションの推進である。障害者プラン「ノーマライゼーション七ヶ年戦略」（平成七年一二月一八日、障害者対策推進本部決定）は重点施策として、障害者が障害のない者と同等に生活し活動する社会を目指す方向をうちだし、その「基本的考え方」として、①地域で共に生活するために、②社会的自立を促進するために、③バリアフリー化を促進するために（以下略）、そして「地域で共にそのための「住宅整備の推進」を第一にあげた。新公営住宅法は「ゴールドプラン」の趣旨に反している。一九九五年には、知的障害者の脱施設化で在宅ケアを中心とする法改正がなされ（「知的障害者福祉法の改正」）、施設ケアからコミュニティのなかで生活する支援体制に転換した。

さらにこれを、近年重点的に取り組まれている精神障害者について見ると、一九八七年の精神衛生法から精神保健法への改正のテーマに「入院中心の治療体制から地域におけるケア体制へ」が付加され、その後一九九三年の障害者基本法が成立、一九九五年の精神保健法から精神保健福祉法の改正による「自立と社会参加のための援助」、一九九九年の改正で生活支援センター、ホームヘルプ事業、グループホームが加わり、「地域ケア」の内容がそれまでの「病院以外の施設でのケア」から「在宅ケア」に変わった。新しい障害者基本計画（二〇〇三年度〜二〇一二年度）では知的障害者施設を増やさない方針を明らかにした。社会はあらゆる面で地域ケア、在宅生活推進に向かっている。

しかし、精神障害・知的障害における脱施設化がだされても、受け皿である住宅、グループホームなどの居住保障は存在しない。

今日、わが国において、収入、家族、社会保障、福祉サービスそして住宅事情などどれをとってみても、高齢者や障害者が安心して生きていける状況にあるだろうか。高齢社会への対応は、高齢・障害者固有の課題に立ち向かうことも必要だが、同時に日本社会を見据えなければ問題を正しくとらえられず、対策の展望をあやぶむことになる。

たとえば、在宅介護における住居の役割にしても、段差がなく介助機器が使えるなどいわゆる「バリアフリー住宅」が、各政府省庁、公団、自治体、民間企業などによって競うように取り組まれ、技術開発やマニュアルの作成・普及、改造費用の援助などに力が入れられている。それにも、もちろん意味はあろうが、これらの「高齢者住宅対策」としての「バリアフリー」には肝心のことが抜け落ちている。

日本の高齢者にとって最も深刻なのは、一定の広さと設備のある、まともで安心して住み続けられる住居を得られない、ということである。（『居住福祉』）

高齢・障害者が地域で安心して暮らしていくためには、コミュニティの調和が図られた地域社会の形成と、安定した住宅は不可欠である。そこでの公営住宅の役割は真に絶大なものがある。前述したように、限りない強制退去とそれによって、地域を極限的な荒廃においやる新公営住宅法は、こうした方向に逆行するものである。それは、憲法二五条の生存権への社会保障的義務の国の責務の後退ないしは放棄に等しいものといわなければならない。

公営住宅に住むことを阻害し、国民の居住保障を阻害している「行政的バリアー」を取りのぞくことこそが、高齢者居住をめぐる「バリアフリー」の基本である。

新公営住宅法が実施されていけば、日本は安心して住めない国になる。居住者は生きる意欲を失い、ハビタットⅡのいう「居住者が参加することによって住みやすい居住地ができる」。それも「居住の権利」という宣言の実現は不可能になる。

⑶改良住宅への応能応益家賃制度の適応の誤謬

1　改良住宅の建設と入居について

(ア) 改良住宅建設前の地域状況

住宅地区改良法一条は「この法律は、不良住宅の密集する地区の改良事業に関し…当該地区の環境の整備を図り、健康で文化的な生活を営むことに足りる住宅の集団的建設を促進し、もって公共の福祉に寄与することを目的とする」とある。改良住宅は、密集する不良住宅の下で非人間的生活が強いられている地域を整備し人間の命と尊厳を守るに足る住宅を建設することを、主な目的としている。

改良住宅が建設される以前、その地域の状況はどのようなものであったのか。密集する不良住宅は例えば次のようなものであった。

「人間の住む住居ではなく、『住宅』というよりは『バラック』と言った方が良いものであった。例えば、土の上に直接細い天秤棒位の木を四方に建て、その上に古いトタン板を乗せ、上から風で飛ばないように大きな石を乗せ、四方にも中くらいの石を乗せてあるだけというものであり、土の上に直接畳を敷いて寝起きをしており、排水も土に筋をつけて外に流れるようにしてある状態であった。野小屋に畳を敷いただけのものや、住宅の軒に差し掛け小屋をしたものなどもかなりあった。そのような状態の住居の中に、机代わりのミカン箱の上に教科書が置いてあり、いたましい教育環境を如実に現していた。また、台所の設備も水道も排水もなく、共同井戸を数軒で使用しており、雨の時は傘をさして米を洗わなければならなかった。…その上、仮設便所の糞尿が雨の時など流れ出て民家の台所などに入って来て臭気を漂わせることも度々であった。中には、家が三〇度ぐらい傾き、突っ張り棒で支えてようやく倒れないといった状態の危険な住宅もあった。」(「古市町住宅闘争史」中井利夫著一九八九・九・一より抜粋)。

昭和四六年に神戸市が実施した実態調査によると「危険または修理不能」「大修理あるいはかなりの修理を要する」ものは二三・二%を占め、神戸市全体の二・四%と比較するとおよそ一〇倍であった(「差別の壁の前で」一九八四年神戸新聞社会部三〇〇頁)。

また密集度も例えば、神戸市の番町地区の場合一平方キロメートルあたりの人口密度は五万三七九七人で、実に神戸市全体の人口密度の二七倍であった。八尾市・西郡地区の場合も一平方キロメートルあたりの人口は一万五三二二人で、八尾市全体の三倍であった。

その上、地域には、上下水道はもとより道路も整備されず、消火栓さえなかった。

こうした状況下で、人は健康な心身を維持することはできない。地区内の疾病率は、地区外に比して非常に高かった。「Aさんの家は六畳一間の長屋。家族は当時、夫婦と小学校三年の長女をかしらに子ども四人のあわせて六人。奥さんは妊娠中だった。いまでもそうだが、炊事場も便所も外にある共同のもの。共同便所からあふれた屎尿が床下を流れる。一四年前に移ってきたとき、夜は部屋から星が見え、床は抜けていた。トビ職のAさんの当時の収入は一日五百円。一家六人が重なるようにして寝た。…冬と梅雨時は（仕事に）あぶれることが多く、とくに冬の生活が厳しかった。…こんな生活の連続の中でAさんは自分が結核にむしばまれているのに気づかなかった。（気がついた時は）二女の死後二年たっていた。それだけではない。六畳の間に結核菌が充満したのだろう。間もなく生まれた二男も生後六ヶ月で結核と診断された。この子はそれがもとで精薄児になり、昨年（四三年）八月、一一歳で死んだ。神戸市医師会と神戸市が長田区の結核以外の病気で受診した医療扶助受給者を調べたところ、二％もの結核要治療者がみつかった。三八〜四二年の神戸市の結核死亡率は長田、兵庫、生田、葺合の中央四区が全国平均の一・九倍である」（「差別の壁の前で」九六〜九八頁より抜粋）。

また、赤痢やコレラなどの伝染病も蔓延していた。大阪府八尾市の西郡地区では、赤痢は毎年、必ず地区のどこかで発生していたという。「このころ（昭和三六年）の西郡は、死亡率は全国の二・五倍、平均寿命は三二・三歳だった。」（「西郡いま、ここに」一九九二年一二月部落解放同盟大阪府連西郡支部一八頁）とある。劣悪な環境の下で、どれほどの命が奪われ、人権が踏みにじられてきたか。こうした劣悪な住環境に対し、国家の責任でそれを整備し健康で文化的な生活を保障する住宅を建設することを目的に住宅地区改良法は制定され、改良住宅が建設された。

（イ）改良住宅法の制定過程

住宅地区改良法は、戦前からあった不良住宅地区改良法を母体として制定された法律である。そこでまず、住宅地区改良法の前身である不良住宅地区改良法の成立過程を検討する。

言うまでもなく、不良住宅地区改良法はスラム対策を目的とする。わが国においていわゆるスラム問題が台頭してきたのは大正年間に入ってからで、「このスラム問題に大きな影響を及ぼしたのが、大正末期に社会主義運動とともに激しくたたかわれた水平社運動である。」（「住宅地区改良法の解説」二二頁）。明治後半期、自由民権運動に促されて部落解放運動が勃興した。この部落民の取り組みは急速に広がり、一九一八（大正七）年の米騒動では多くの部落大衆がそこに参加し大きな役割を果たす力となっていた。これに対し一九一九（大正八）年、内務省は細民部落対策協議会を開いて部落の改善事業を行う方針を決め、また政府高官や地域の有力者による融和運動が展開されはじめた。

その後、一九二二（大正一一）年創立の水平社運動が大きく発展し組織を拡大させていったが、部落解放運動とスラムの改善とは密接不可分の関係にあり、部落解放運動の前進がスラムの改善事業の促進となっていった。そうした中で、一九二三（大正一二）年、関東大震災が起こり東京に新しいスラムが発生し、部落問題とは別の意味のスラム問題が惹起した。「こうした社会的背景の下、政府は、一九二五（大正一四）年にいたり、いよいよ本格的なスラム改善事業を行う決意をかため」（「住宅地区改良法の解説」二七頁）一九二七（昭和二）年、不良住宅地区改良法が制定公布された。しかし、戦争の激化によって、この改良事業も中断されてしまった。一九六〇（昭和三五）年、不良住宅地区改良法は廃止され、住宅地区改良法が制定、公布された。

住宅地区改良事業の契機となったのは、一九四九（昭和二四）年に神戸市・番町地区で組織された番町地区改善対策委員会の設置とその活動で、これを契機として政府は一九五〇～五二（昭和二五～二七）年、代表的な不良住宅地区について実験的調査を行い、同じ頃、建設省建築研究所も全国的にも有数な被差別部落である京都市三条地区および神戸市番町地区についてスラムの生態的な実態調査を行い、研究論文を発表した。それらの調査に基づき、一九五二（昭和二七）年度から公営住宅法の第二種公営住宅予算の中に改良住宅の枠をもうけ、事業を行った。これが戦後の改良事業の始まりである。

しかし、事業が増大するにつれ、幾多の支障が発生するようになった。最大の問題は、事業にとって不可欠であるスラムクリアランスを行うにあたっての法律が存在しないことであった。

「そこで、不良住宅地区のスラムクリアランスに頭を悩ましていた京都市、神戸市、大阪市、広島市、山口県、福岡市などの各地方公共団体の議会が中心となり、一九五七～五九（昭和三二～三四）年、同和地区の改良事業を中心とする関西十都市連絡協議会が組織され、改良事業に対する近代的基本法の制定と国の補助金の予算化の実現にむけて、政府や国会に陳情運動を展開していった。一方また同じ頃、被差別部落の問題が世論として再び燃焼し、部落解放同盟と全国同和対策協議会による活発な運動が起こり、国会でも度々この問題があげるようになった。このため、（一九五八年）内閣に同和問題閣僚懇談会が置かれてこの問題に関する各省の施策の総合的な調整が行われるようになった。そして部落問題のうちスラムクリアランスに関する事業については建設省が担当した。…一九六〇年初頭に、この法案の建設省案が完了し、…一九六〇（昭和三五）年四月に衆参両院を通過し、この法律は成立した。」（「住宅地区改良法の解説」三四～三五頁）。

同年一九六〇（昭和三五）年には同和対策審議会が設置され、一九六五（昭和四〇）年に部落問題の解決が国の責務であることを明記し、その後の同和対策事業の原点ともなった同対審答申が提言され、住宅地区改良法の制定と部落解放運動はきびすを接するようにして進められてきた。住宅地区改良法制定時の衆参両院の審議においても「…部落に対するところの地区の改良が、この法律の主なる対象である」旨の答弁がなされている。それは、かかる経過から必然のことであった。

（ウ）改良住宅の建設と入居について

改良住宅の大半は同和向け改良住宅であるが、それが本格的に建設されるようになったのは一九六九（昭和四四）年、同和対策特別措置法が制定されて以降のことである。例えば、西宮市芦原地区の場合、同法の成立以前に建設された同和向け公営住宅は戦前からの住宅を含めわずか一五五戸である。それに比して同和対策特別措置法が施行されて以降の建設戸数は一八〇〇戸である。同様に、八尾市西郡地区でも改良住宅が本格的に建設されるのは一九七〇年以降のことである。

改良住宅が建設される経過は次のようである。

住宅地区改良法一〇条には「地区内の不良住宅は除去しなければならない」と規定し、同法一七条では「事業施工に伴いその居住する住宅を失うことにより、住宅に困窮すると認められるものの世帯の数に相当する住宅の建設」が義務づけられている。すなわち、改良住宅はそれまで住んでいた土地や建物をタダ同然の安価で提供した住民への反対給付、受け皿住宅として建設されたのである。

代々引きついできた土地や家を提供する。なぜ住民はそのようなことを決断したのか、それにいたるまでに何があったのか、その時の住民の思いはどうであったのか。それについて、大阪府八尾市西郡地区の名畑実氏は次のように述べている。

「昭和三八年、私が二四歳の時、結婚し、妻の実家の敷地内にある小さな家で暮らしはじめました。それから一年くらいたった頃に、義父から家の立ち退きについて相談をうけました。

私もここでいっしょに暮らしはじめてから、役所が来たりしているのを見ていましたし、『ここに川ができるから、いつかは立ち退かなければならない』というウワサや話しは聞いていました。『いよいよ、本当に、立ち退かなければならないのか』と思い、義父の話を聞きました。義父の話は次のようなものでした。

立ち退かなければならなかったのは、私の家の西側に建ち並んでいた一二戸でした。立ち退きの理由は、家のすぐ北の第二寝屋川を拡幅するためでした。西郡地区は、明治以降からずっとコレラ、赤痢など、伝染病が蔓延していました。そのために多くの命がおとされていきました。この地域が、梅雨やほんの少しの大雨で地域全体が水に浸かってしまう上、下水道や排水溝の設備がまったくなさせれていないことがそうした伝染病の最大の原因でした。上下水道は隣の萱振町には完備されていたにもかかわらず、西郡地区だけは完全に放置してきました。明らかな差別行政です。

昭和三五年に、井上会暴力事件という差別事件がありましました。…これを契機に西郡地区の解放運動が大きくもりあがり、集会やデモ、役所との徹夜の交渉などの住民の声におされて、それまで何十年と地区住民の生活も命も完全に放置してきた八尾市もようやく重い腰をあげて、下水溝・排水溝の設置や河川改修、住宅の建設をやりはじめました。

立ち退きの話しあいは、三五年ころからおよそ数年間くらいかかったそうです。私の家にも、義父のところに、役所の人間が何度も何度も話しに来ていました。最後は大橋市長がきていました。市長は、土地や家の所有者のところを一軒一軒、説得してまわっていました。

義父は、自分の家だけでなく長屋にすんでいる住人や土地を貸している人の生活、そして私たち夫妻のこともあって、ずいぶんと悩んだようです。しかし、最終的にはこれで地区全体がよくなるのならばと、自分の健康も家族も犠牲にし借金を重ねてようやく手にいれた一財産を手放すことを決断しました。そして、長屋の住人や私たち夫婦に立ち退きの話しをしました。義父の所以外の六軒の住民の中には、条件が折り合わず、私たちが立ち退いた後も、一～二年くらい、そこに住み続けていた人達もいました。しかし、義父は、条件が折り合わないからといつまでも引っ張っていたら長屋の人達にも迷惑をかけると思ったこと、なによりも地域住民全体の命に関わるこの事業を、これ以上遅らせることはできないという思いから、早い段階で立ち退きに合意したと聞いています。

立ち退きに際して八尾市がいってきた条件は次の内容でした。市に土地や家屋を売ってお金をもらうか、お金はいっさいもらわずに団地に入居するか、二つにひとつでした。土地の、正確な買収金額ははっきりとは覚えていませんが、ものすごく安く、引っ越し費用分くらいでした。引っ越し費用を払ったら新しく借りるアパートの敷金は払えない、アパートの敷金を払ったら引っ越し費用は払えない、そういう金額でした。

団地に入居するなら、お金は、一円ももらえない。家賃は九〇〇円で、将来、値上げは絶対にしない。内装、畳替えは三年に一度必ずやるということでした。家賃のことで義父や他の住人が市と話しをしたとき、市は『家賃はタダでもいい』とまで言ったそうです。『タダではこちらが納得いかない、管理費くらいは自分で払う』ということで九〇〇円ということで折り合ったと聞いています。そうした話しを義父から聞き、家賃はあがらないという話しも本当だと思いました。それで、家を明け渡して団地に入居することに納得しました。そのことは今でもはっきりと覚えています。

こうして、昭和四二年八月、私たち夫妻は、今住んでいる一〇棟に入居しました。今更になって「法がかわった。応能応益家賃だ」と言われても、納得できません。私たちは「収入が低いから安い住宅に入れてください」とお願いして団地で暮らし始めたのではありません。地域全体のために、何よりも部落差別をなくするためにということで、市と話し合いをして、これまで言った条件で納得して、家を立ち退き、団地で暮らし始めたのです。今さら『収入がある人は高い家賃だ。同和対策は関係ない。一般の家賃を払え』と言われても、そんなことは私たちにとってはサギにあったも同然です。」(「陳述書名畑実」三〜八頁)

また、同和住宅家賃値上げ反対全国連絡協議会の世話人、東口博氏は、二〇〇三(平成一五)年五月八日の法廷で次のように証言している。

「代理人東口さんのところも(改良住宅の建設にあたり)住んでいた家、土地を提供したんじゃありませんか。

東口「はい。」

代理人「その建設にあたって、市の担当者と交渉事なんかをされたかと思うんですけれども、そういったときのお話を何か聞いておられませんか。」

東口「父が交渉を主にしてたんですけど、やはり自分の生まれ育った土地というのに執着がありまして、立ち退きという部分については役所との代替地の交渉とかいろんな部分において、この土地にずっといたいというのが現状でした。それを役所が何遍も足を運んで、畳におでこをすり寄せるようにして、家を売ってもらえないかと来たということを聞いております。」

代理人「その中で、市の担当者が建設される公営住宅に関して、何かおっしゃっていたことはありませんか。」

東口「売り払うということに決まれば、こういうようなあなたの住んでいた家を買い上げて住んでもらう住宅ですから、改良住宅はただでもいいですよとか、家賃は値上げしませんとか。家賃は上げない、あなたの家のようなものですとか、そういうようなことを言っていました。…（中略）…条件がなかなか合わなかったんですけど、私どもの方は交渉が長引きましたけど、最後のときの交渉で折り合いがつきましたんで、青木町に代替の土地をもらうということで、青木町に家を建てるということで、両親と兄貴については、そこに住むようになりました。津田町住宅の二階についていては、私どもが住んでいましたので、改良住宅に入る前に仮設住宅に入居して改良住宅に入ったという経緯です。」

このように、スラムクリアランスを基本とする改良住宅の建設は、地域住民の協力なくしては不可能であった。地域の住民は「みんなのために」「差別をなくするために」と、代々引き継いできた家や土地を手放すことを決断したのである。

何百人、何千人、全国では何万人という人達が、猫の額のような家屋とはいえ代々引き継いできた財産を安価な額で市に売り払い、あるいは、それまで暮らしていた住宅を明け渡すことを決断し、改良住宅を短時日のうちに大量に建設することができた最深の根拠は「部落差別をなくしたい」という、住民の思いがあったからであろう。差別の結果として劣悪な住環境と貧困を強いられ、それが再び新たな差別を生みだしていくという差別の連鎖を「ここで何としても断ち切りたい」という強い思いがあったからであろう。こうして、改良住宅は、長年、差別と劣悪住環境を強いられ、人権を侵害されてきた被差別部落民の人間性回復の基盤形成をなし、教育、雇用、結婚、社会参加などすべての面での差別からの解放の出発点となった。改良住宅の目的は、地域の環境改善をとおして部落差別を撤廃することにある。

2　住宅地区改良法が応能応益制度を除外していることについて

こうした改良住宅に応能応益家賃制度を導入することは、改良住宅についての認識を欠く、許し難い行政の姿勢である。

新住宅地区改良法は、応能応益家賃制度を導入した新公営住宅法一六条とそれに関連するいっさいの条文の適用を除外している。すなわち、住宅地区改良法を、歪曲することなく素直に解釈すれば、同法は応能応益制度の導入を許さない、と規定している。

このように、住宅地区改良法が応能応益制度を除外した理由は何であろうか。それを新法と旧法の違い、および公営住宅の改良住宅の違いから検討する。

（ア）新公営住宅法と旧公営住宅法は異質なものである

前述のように新公営住宅法は、限りない強制退去を必然化させ、住民を居住不安に陥れ、地域の荒廃をひきおこし、安定した住宅の供給により社会福祉の増進を図るという、憲法二五条の生存権の基礎としての居住保障の国家責任を放棄したものである。

また、新公営住宅法は、公営住宅法の立法精神と根本理念を一大転換させたものである。新法は、旧法とは、その考え方や思想、性質を全く異にしている。

（イ）応能応益制度は改良住宅の目的・趣旨と矛盾する

さらに、公営住宅と改良住宅は、根拠法、住宅の成り立ち等を全く異にする住宅である。

改良住宅の根拠法である住宅地区改良法は、前述したとおり同和問題ときびすを接して成立した法律である。その目的は「地区の環境の整備を図り、健康で文化的な生活を営むに足りる住宅の集団的建設する」（住改法第一条）こと、そして「地域の生活環境を改善、…等を図ることによって住民の社会的経済的地位の向上を不当にはばむ諸要因（＝部落差別）を解消する」（同対法第五条）「そのために、地域における経済力の培養、住民の生活の安定及び福祉の向上等に寄与する」（同対法第一条）ことにある。

一方、公営住宅の根拠法である公営住宅法は、戦後になってはじめて制定され、その目的は、「低額所得者を対象とする公営住宅の供給を恒久的な国策として確立する」「健康で文化的な生活を営むに足りる住宅を整備し、…低額所得者に賃貸する」ことにあり、両者を同列に論じるのは間違いである。

(ウ)住宅地区改良法が応能応益制度の導入を許さないとしている根拠

このように新公営住宅法は旧法とはその理念・趣旨を全く異にしており、また、改良住宅と公営住宅は、根拠法、住宅の成り立ちや性質を全く異にしている。改良住宅が公営住宅法から管理運営に関して大幅に条文を準用していたとしても、明らかに改良住宅の趣旨にそぐわない条文については、それを排除するのは当然である。

住宅地区改良法は、一方で私有財産を大幅に制限するという側面をも有しており、ここに応能応益家賃制度を導入することは著しい矛盾を生じせしめる。また、応能応益家賃制度は「地域の環境の整備改善を図る」という目的や「住宅の集団的建設を促進する」という目的に著しく相反する。さらに、部落差別を解消するという目的にも逆行する。それは、応能応益制度の導入による地域の荒廃を見れば、一目瞭然である。だから、住宅地区改良法は公営住宅法の改正に際し、新公営住宅法一六条―応能応益家賃制度を排除したのである。

応能応益制度に基づく値上げをめぐって争われていた裁判で、二〇〇四年三月三一日に神戸地裁が、同年五月二七日に神戸地裁尼崎支部が、改良住宅に応能応益家賃制度を導入することを認めないとの判断を示した。この判断は、三権分立の下で司法が司法たることの証であり、当然とはいえきわめて正当な判断である。

以　上

あとがき

私は、一九七九年九月から科学技術庁在外研究員として四ヵ月間英国国立建築研究所に客員研究員として滞在した。一九八一年四月からは一年間文部省在外研究員として米、独、英国等に滞在、この間、LSE（ロンドン大学政治経済学部）森嶋通夫教授の招待による客員研究員として、約半年間教授の隣に研究室を頂いた。今となっては懐かしい思い出だが、毎日のように大学近くのイタリア・レストランで白ワインを飲みながら議論してくださった。そして、このように言われた。「現在の経済学はすべてフローで、貴方にはストックの経済学を開拓してほしい」と。そして、時間はかかったが、到達したのが本書のタイトルになっている「居住福祉資源」という概念である。

私は、学位論文を著書にした『空間価値論』（勁草書房、一九七九年、第一回日本都市計画学会論文賞）以来、土地と空間の使用価値について関心をもち続けてきた。「居住福祉資源」の概念もその延長線上にあると思う。使用価値は、すべての居住福祉資源の空間的・社会的属性である。

本文でも述べたことであるが、人間がこの地表で安全で幸せに生きていくには、いかに暮らしやすい家や街や地域や自然環境・生涯環境（資源）をつくっていくかということである。そして、その多くは歴史的に地域の住民の暮らしの中の営みによって創られ、あるいは維持され、今日ではストック（居住環境資源・福祉）として存在するすべての〝存在物〟である。森や林、山、河川、池、水路、海岸線、田畑、道、町、村、家屋にいたるまで、人間の長い年月をかけた営みによる〝居住福祉資源〟が自然を維持し、人びとの暮らしを支える基盤（資源）となってきた。第Ⅰ部序章でも触れたことだが、現在の「地方創生」論議は、産業の誘致、活性化や人口の呼び戻し等に関心がもたれている。それも必要だろうが、長年の人びとの営みによるストックとして「資源」の有する使用価値をどのように評価・維持・再生していくかが、地域を活性化していくことにつながると思う。社会全般の超少子・高齢化、生産力と消費の縮小社会化等を考慮すると、この点は特に重要である。

なお関連する概念として、「社会資本」「インフラストラクチャー」、「社会的共通資本」、「社会的共同消費手段」、「生活資本」、「環境経済学」等のカテゴリーと「居住福祉資源」という概念との異同について私見を述べておきたい。

まず「社会資本」というのは、通常、公共的構築物、つまり鉄道、道路、港湾、空港など社会が機能するために必要であるが、市場では供給されにくいものを指して使われる。宮本憲一さんは「社会的共同消費手段」を「社会資本」の構成要素の一つにし、より広い意味で「社会資本」を捉えている。「インフラストラクチャー」は直訳では下部構造のことであるが、一般には産業活動や人びとの社会生活を支えるライフラインを含む都市地域の基盤施設を指している。なお、これらとは異なるが、社会資本にはもうひとつ、パットナムの「社会関係資本」概念がある。これは、人びとの地域社会に持つ「信頼」「互酬性の規範」「絆」を意味しているが、その思いは地域社会の統治に込められている。

次に「社会的共通資本」であるが、これは先頃逝去された宇沢弘文さんの用語で、人間社会を安定的に維持することを可能にする社会的装置を意味するとされている。内容的には「自然環境」、「インフラストラクチャー」、「制度資本」の三つからなる。「社会的共通資本」は、職業的専門家によって管理、運営されるとされている。「制度資本」が入っているところがユニークであるが、それらを「資本」と呼ぶことには抵抗を覚えるので、「資源」としている。

類似概念は社会が機能する基盤を対象にその仕組みと意義を明らかにしているが、私のいう「居住福祉資源」概念は適切な居住を支える基盤となるすべての自然および社会環境を指し、居住環境を構成する施設、制度等歴史的蓄積を意味している。宮本憲一さんは、「容器の経済学」として「社会資本論」「都市経済論」「環境経済学」等をまとめ、現代社会の商品経済や資本主義経済の運動をその容器や仕組みともども解明されようとしている。取扱う対象は同じだが、宮本さんは経済学の体系に、私は居住を支える機能に収斂させて議論している。また、居住という点では岡本祥浩さんの「生活資本」は、環境や資源ではなく生活の実現の過程に焦点を当てている点に差異がある。

そうした中で「居住福祉資源」概念に最も近いのは宮本常一さんの「民俗学」である。宮本常一さんは、比較的ソフトな資源、私はハードな資源に眼を向けていると言えるのではないか。宮本さんは書いている。

「これらの文章ははじめ伝承者としての老人の姿を描いて見たいと思って書きはじめたのであるが、途中から、いま老人になっている人びとが、その若い時代にどのような環境の中でどのように生きて来たかを描いて見ようと思うようになった。それは単なる回顧としてでなく、現在につながる問題として、老人たちの果たしてきた役割を考えて見たくなったからである。そのため、かなり不統一なものになっている」（宮本常一『忘れられた日本人』岩波書店）。

なお、毎年開催されている「日中韓国際居住問題会議」（二〇一七年一〇月には第一五回を数えた）を通じて親しくなった、大連理工大学・柳中権教授は居住福祉資源の概念に強く共感され、『「居住福祉学」の理論的構築』（柳中権・張秀萍 著、李桓訳、東信堂、二〇〇七年）という書を著してくださった。教えられることが多く、参考になった。元朝日新聞記者・神野武美氏（現在、日本居住福祉学会理事）の『「居住福祉資源」の経済学』（東信堂、二〇〇九年）、鈴木静雄・神野武美『居住福祉産業への挑戦』（東信堂、二〇一三年）も貴重な提言である。諸氏に感謝したい。同時に本書のような発想に関して読者のご意見を賜れば幸いである。

本書は東信堂・下田勝司社長の強い推めと大本圭野（元東京経済大学教授）、岡本祥浩（中京大学教授）

両氏の協力によって出来上がったものである。ともに記して謝意を表したい。また、数多くの現地調査に協力頂いた方々にも御礼申し上げたい。

初出一覧

第Ⅰ部第一章「生活空間は福祉の基礎」新稿
　第二章「生活空間使用価値の特殊性」新稿
　第三章「生活空間は『居住福祉資源』である」新稿
　第三章(2)「住宅基準の国際比較」は、「住宅基準の国際比較」(社会保障研究所編『住宅政策と社会保障』東京大学出版会、一九九〇年、所収)を改変し利用。

第Ⅱ部は『共同通信』配信の連載記事(二〇〇五年六月から一五回)・『福祉のひろば』(二〇〇六年四月～〇七年三月号)・『神戸新聞』(二〇〇七年一月～三月)(のち『居住福祉資源発見の旅Ⅰ・Ⅱ』(東信堂、居住福祉ブックレット、二〇〇六年、二〇〇八年)として発刊。第Ⅱ部はそれらのうち選択のうえ再収録。全容については『居住福祉発見の旅Ⅰ・Ⅱ』を参照されたい。

第Ⅲ部 第一章『日本の住宅政策改革の基本的課題』「住宅裁判・住宅政策にみる日本人の住意識」(木村保男・早川和男編『甲斐道太郎教授還暦記念論集 現代社会と法の役割』日本評論社、一九八五年、所収)

第二章『意見書』元同和住宅居住者が公営住宅から強制立退き訴訟を起こされたことに対し著者が提出したもの

部落　324, 325, 327
部落問題　325, 326
部落解放運動　325, 326
部落解放同盟　326
部落差別　332, 333, 335
不良住環境　12
不良住宅地区　326
不良住宅地区改良法　324, 325
フロー　10
防災力　17
ホームレス　5, 12, 17, 53, 54, 206, 207, 276, 277, 285, 295, 298, 307, 308

ま行

マスタープラン　69-71
まちの駅　175-177
まぶりっと　145
道の駅　175, 177
民俗学　340
麦の郷　239
元ハンセン病国立療養所・群馬栗生楽泉園　78
モノカルチャー　17

や・ら・わ行

家賃規制　299, 300
家賃減免　315, 316
家賃滞納　314
家賃滞納訴訟　314
養護盲老人ホーム　164
嫁いらず観音院　78
歴史環境　17
連邦住宅都市開発省　36

生活行為　14
生活資本　338, 339
生活保障　284, 286
生活様式　27
政策家賃　262
生産様式　26
制度資本　339
世界人権宣言　296
全国同和対策協議会　326
総合学習　172
底地買い屋　273

た行

第二種公営住宅　325
滞納率　314, 315
立退かせ屋　273
脱施設　167
伊達市地域生活支援センター　78
WHO（世界保健機関）　53
地域ケア　319
地価規制　300
地代家賃統制令　273
チャドウイック報告　289
中山間地域　186
中越大震災復興基金　106
鎮守　106, 108, 110, 182
鎮守の祭り　99
鎮守の森　92, 103, 106, 108, 198, 199
デイ（通所）サービス　187, 235
デイサービス船「夢ウエル丸」　78
適切な居住の権利　297
テラスハウス　266, 267
同和対策事業　291, 326
同和対策事業特別措置法　291
同和対策審議会　326
同和対策特別措置法　327
同和問題　334
特別養護老人ホーム　187, 188
とげ抜き地蔵　84
都市計画　18, 24
都市経済論　339
土地投機　258
土地利用基本計画　56
土地利用計画　24, 67
土地利用計画図　56
鳥取県八橋駅「ふれあいセンター」　78

な行

長屋　16
ナショナルトラスト　22
ナショナル・ミニマム　269, 279, 306
新潟県復興基金　108
新潟県山古志村　78
日中韓国際居住問題会議　340
日本居住福祉学会　260
日本国憲法　79
日本住宅会議　260
日本列島改造論　79
ニュータウン　232, 234, 235
人間生存　8
ネットカフェ難民　5
ノーマライゼーション　18, 163, 165, 302, 304, 318

は行

派遣切り　5
ハビタットII　321
バリアフリー　319-321
バリアフリー住宅　320
万人権　20
被差別部落　326
被差別部落民　333
一部屋増築運動　232
ひまわりサービス　221, 225
福祉国家　12
福祉マップ　186
福祉力　17, 18
復興公営住宅　16, 315
不適格住宅　45, 47-51, 276

国際住宅都市問題研究会議　291
国際人権規約　296
国土基本計画　56, 63, 67
国土計画　18, 24
国民の生存権の保障　79
互酬性の規範　339
孤食　149
孤独死　208, 210
コミュニティ　15, 22, 32, 110, 122, 140, 208, 234, 267, 279, 308, 319, 320
米騒動　324
コモンルーム　16
コレクティブハウジング　16

さ行

災害関連死　16, 182
災害危険地域　12
在宅ケア　319
在宅介護　289
居住水準未満世帯数　50
最低居住水準　50, 269, 270, 272, 274
最低居住水準未満　51, 52, 274
サポーティブハウス　119
シェルター　14, 119, 276, 285
市場家賃　300, 301
自然環境　339
自然環境・生涯環境（資源）　337
指定管理者制度　194
社会関係資本　339
社会権規約　297, 298
社会資本　338, 339
社会資本論　339
社会的共通資本　338, 339
社会的共同消費手段　338
社会的排除　290, 291
社会福祉政策　11
社区居民委員会　245
借地借家法　273
シャフツベリー法　304
住居概念　40
住居監視員　35, 49
住居基準　33, 34, 35, 40, 41, 46, 53, 54, 55
住居思想　34, 35, 36
住居水準　34, 278
住居法　258, 262, 269
住宅建設五カ年計画　52
住宅困窮者　265, 273, 300
住宅災害　292
住宅最低基準　277
住宅裁判　260
住宅人権　274
住宅政策　209
住宅団地　17
住宅宅地審議会　50, 305
住宅地区改良事業　325
住宅地区改良法　321, 324-327, 333-335
住宅地計画　18, 24
『住宅統計調査』　50
住宅の最低基準　36
住宅貧乏　35
『住宅貧乏物語』　12
住宅保障　258, 270
使用価値　15, 21-24, 26-28, 32, 40, 337
詳細計画　68
ショートステイ　187
新住宅地区改良法　333
『人口動態統計』　54
親水公園　251
神撫太鼓　162, 164
信頼　339
水平社運動　324, 325
ストック　6, 268, 337, 338
ストラクチャー・プラン　67-72, 74
住む能力　16, 81
スラム　303, 324, 325
スラムクリアランス　35, 326, 332
生活環境　12, 20
生活基盤　279
生活空間　7, 13, 21-23, 26-28, 200, 201

事項索引

あ行

アクセス権　56-59
新しい公共　194
安居（居住福祉）　304
安居楽業　5, 210, 304
生きた居住福祉資源　225
入会権　57
入浜権　19, 20, 57
入浜権宣言　19, 201
インフラストラクチャー　338, 339
ヴァンダリズム　279
ウサギ小屋　35, 257, 270
縁側事業　176
応能応益制度　299, 300, 333, 334, 335
応能応益家賃制度　306, 307, 321, 335, 336
応能家賃制度　299, 300
音環境　137

か行

介護保険　289
開発計画　18
改良住宅　321, 324, 325, 327, 332-334, 336
核家族　17
仮設住宅　16
家庭内事故　10, 13, 54
貨幣価値　22
環境経済学　338, 339
関東大震災　325
絆　339
既存居住資源　170
救貧施設化　300
教育力　17, 18
狭小過密居住　12, 13
強制移転　307
強制退去　307, 309, 314, 315, 334
強制立ち退き　297, 298, 308
居住環境ストック　10
居住継続　16
居住権　260, 264, 266, 274, 282
居住差別　291
居住の安定　15
居住の権利　256, 295, 298, 321
居住の権利宣言　295
居住福祉　8, 32
居住福祉環境資源　92
居住福祉空間　103, 128, 234
居住福祉コミュニティ　118
居住福祉資源　10-13, 17, 28, 30, 32, 78-81, 90, 91, 99, 113, 116, 118, 134, 140, 160, 182, 199, 201, 225, 234, 242, 252, 256, 337-340
居住福祉社会　19
居住保障　268, 282, 283, 286, 288, 290, 295, 306, 334
強制立ち退きに関する決議　308
暮らしの基盤　16
グループホーム　16
経済的、社会的及び文化的権利に関する（社会権規約）委員会　296
欠陥住宅　45, 46
ゲットー　304
原価家賃　262
健康・福祉環境資源　19
健康・福祉資源　20
健身苑　245, 247
健身点　245
建設省建築研究所　325
公益機能　198
交換価値　22
高岩寺　84
公共・公益・福祉施設　182
国際居住年　53

西脇ナツ子　165

は行

畑喜一郎　198, 199
パットナム、R　339
バトラー、R　308
早川和男　8, 13, 20, 56, 160, 188, 208, 292
ハーリー、J　157
バーンズ、J　303
東口博　331
平岡元松音知駅長　219
広島隆志　164
プレマダサ、R　53
本間義人　19

ま行

前島密　224
松沢清之　134
松本文雄　20
丸岡玲子　155
丸屋博　20
水上勉　116
南方熊楠　24
皆川文子　118
宮岡寿雄　128
宮地泰子　120
宮本憲一　292, 338, 339
宮本常一　340
宮本ひで子　223
村山富市　287
孟子　303
森嶋通夫　337

や・ら・わ行

柳田国男　144
山口かつみ　174
山崎寿一　199
山田洋次　151
善見寿男　104
米田節子　216
柳中権　340
鷲尾邦夫　165

人名索引

あ行
浅田次郎　219
安藤太郎　273
飯沼一省　303
石原多喜男　96
五木寛之　92
宇沢弘文　339
梅村政昭　90
江端恭臣　96
王玉秋　209
大橋健一　239
大橋清治　329
大本圭野　341
岡本祥浩　8, 160, 339, 341

か行
甲斐道太郎　256
片山善博　213, 242
加藤廣隆　89
鴨長明　14
カールバーグ、E・C　57
河田珪子　122
河瀬直美　212
河村久代　221
菊地淑子　145
菊池芳枝　145
木崎茂雄　127
城戸秀則　172
木村音彦　111
行基　93
久保田信子　100
熊野勝之　297
倉田岩男　141, 142
倉田正　149
蔵田力　116
弘法大師　87
小林育洋　188
小林所長　169
小林繁市　167

さ行
佐々木典子　167
笹山幸俊　294
サッチャー、M　305
篠塚昭次　292
司馬龍鳳　140
シューマッハー、E・F　17, 147
神野武美　340
鈴木静雄　340
住本靖　301
隅谷三喜男　287
孫文　24

た行
高倉健　219
高崎裕士　19
高島仙龍　97
竹井志織　118
竹内藤男　304
田中英治　177
田中角栄　79
チャーチル、W　304
鶴見和子　25
時本清子　162

な行
中里喜一　289
長島忠美　212, 240, 242
中村寿男　128
中村洋子　189
長屋勝彦　142
名畑実　328
西浦正樹　100
西山夘三　7

著者紹介

早川　和男（はやかわ　かずお）

1931年　奈良市に生まれる。
1955年　京都大学工学部建築学科卒。
1956年　日本住宅公団技師
1962年　建設省建築研究所住宅計画・都市計画・建設経済各研究室長、大臣官房技術調査官（兼務）
現　在　神戸大学名誉教授
日本居住福祉学会会長
社会福祉法人きらくえん後援会長

主な著書

『空間価値論』（勁草書房）、『土地問題の政治経済学』『日本の住宅革命』（東洋経済新報社）、『住宅貧乏物語』『居住福祉』『居住福祉社会へ』（岩波書店）、『新・日本住宅物語』（朝日新聞社）、『住まいの処方箋』『土地と住まいの思想』（情報センター出版局）、『老いの住まい学』（岩波ブックレット）、『欧米住宅物語』（新潮社）、『居住福祉の論理』（共著、東京大学出版会）、『安心思想の住まい学』『災害と居住福祉』『権力に迎合する学者たち一反骨的学問のススメ』『早川式「居住学」の方法』（三五館）、『講座　現代居住』（全5巻、編集代表、東京大学出版会）、『高校生が考えた「居住福祉」』（共編著、クリエイツかもがわ）、『居住福祉学と人間』（共編著、三五館）、『欧米住宅物語』（新潮選書）、『人は住むためにいかに闘ってきたか』『居住福祉資源発見の旅Ⅰ』『居住福祉資源発見の旅Ⅱ』『居住福祉の世界』（東信堂）、『災害と居住福祉』（三五館）、『災害に負けない居住福祉』（藤原書店）、『日本の居住貧困一子ども・老人・障害者』（共著・同上）

受　賞　日本都市計画学会論文賞、日本生活学会・今和次郎賞、建設大臣業績表彰、毎日21世紀賞、久保医療文化賞

「居住福祉資源」の思想——生活空間原論序説

2017年10月31日　　初　版第1刷発行　　〔検印省略〕

定価は表紙に表示してあります。

著者©早川和男　装幀　　発行者 下田勝司　　印刷・製本 中央精版印刷

東京都文京区向丘 1-20-6　　郵便振替 00110-6-37828　　発行所

〒113-0023　TEL (03)3818-5521　FAX (03)3818-5514　　株式会社 東信堂

Published by TOSHINDO PUBLISHING CO., LTD.

1-20-6, Mukougaoka, Bunkyo-ku, Tokyo, 113-0023, Japan

E-mail : tk203444@fsinet.or.jp　http://www.toshindo-pub.com

ISBN978-4-7989-1453-4　C3036

東信堂

「居住福祉資源」の思想――生活空間原論序説　早川和男　二九〇〇円

（居住福祉叢書）

居住福祉産業への挑戦　鈴木静雄・神野武美 編　一四〇〇円
ひと・いのち・地域をつなぐ――社会福祉法人きらくえんの軌跡　市川禮子　一八〇〇円

（居住福祉ブックレット）

居住福祉資源発見の旅：新しい福祉空間、懐かしい癒しの場　早川和男　七〇〇円
どこへ行く住宅政策：進む市場化、なくなる居住のセーフティネット　本間義人　七〇〇円
漢字の語源にみる居住福祉の思想　李　桓　七〇〇円
日本の居住政策と障害をもつ人　大本圭野　七〇〇円
障害者・高齢者と麦の郷のこころ：住民、そして地域とともに　伊藤静美・田中秀樹・加藤直人　七〇〇円
地場工務店とともに：健康住宅普及への途　山本里見　七〇〇円
子どもの道くさ　水月昭道　七〇〇円
居住福祉法学の構想　吉田邦彦　七〇〇円
奈良町の暮らしと福祉：市民主体のまちづくり　黒田睦子　七〇〇円
精神科医がめざす近隣力再建：進む「子育て」砂漠化、はびこる「付き合い拒否」症候群　中澤正夫　七〇〇円
住むことは生きること：鳥取県西部地震と住宅再建支援　片山善博　七〇〇円
最下流ホームレス村から日本を見れば　ありむら潜　七〇〇円
世界の借家人運動：あなたは住まいのセーフティネットを信じられますか？　高島一夫　七〇〇円
「居住福祉学」の理論的構築　柳中権・張秀萍　七〇〇円
居住福祉資源発見の旅Ⅱ：地域の福祉力・教育力・防災力　早川和男　七〇〇円
居住福祉の世界：早川和男対談集　早川和男　七〇〇円
医療・福祉の沢内と地域演劇の湯田：岩手県西和賀町のまちづくり　高橋典成・金持伸子　七〇〇円
「居住福祉資源」の経済学　神野武美　七〇〇円
長生きマンション・長生き団地　千代崎一夫・山下千佳　八〇〇円
高齢社会の住まいづくり・まちづくり　蔵田　力　七〇〇円
シックハウス病への挑戦：その予防・治療・撲滅のために　後藤三郎・迎田允武　七〇〇円
韓国・居住貧困とのたたかい：居住福祉の実践を歩く　全　泓奎　七〇〇円
精神障碍者の居住福祉：宇和島における実践（二〇〇六～二〇一一）　財団法人正光会 編　七〇〇円

〒113-0023　東京都文京区向丘 1-20-6　TEL 03-3818-5521　FAX03-3818-5514　振替 00110-6-37828
Email tk203444@fsinet.or.jp　URL:http://www.toshindo-pub.com/

※定価：表示価格（本体）＋税